U0115370

語文教學叢書

國文教材教法及閱讀指導

王慧茹　著

目　次

附錄

自序
照亮

　　國文教學的內容，包含語言、文學與文化等不同層次，針對學生語文能力低落，坊間討論甚多，嚴格來看，從最基本的學生學習、教師教學，大到總體社會氣氛變異，都有輕重多寡的影響。若僅鎖定教學層面來說，一名國文老師，本來就有主動承擔提升學生語文能力的責任，此不獨在中小學的國文學程如此，目前教育部盼望各大學在通識課程中，推動促進「閱讀與寫作教學」方案，其考慮的方向也在這裡。

　　筆者執教多年，歷經多次臺灣教育現場的變動，從最早國編館統一的課本教材，到開放民間編書，各自爭鋒；從必得納入「鄉土母語教材」，到現在即將實施的十二年國教；然後是基測、會考，學測、指考，繁星、推甄；每一項變動，不論是教材學程或入學考試的遷異，都引起社會的極大關注，及老師們的無限憂心。老師們常常覺得，努力總是趕不上「變化」，而變化也不等同於變好。在如此邊走邊看的體制下，國文教學該如何保有本質意義的關懷，不盲從趨附於現象世界的喧囂？這不僅是執教中學老師的憂心，也是任何一名從事人文學研究者，所念茲在茲的關注。

　　然而，從事國文教學，我們似乎不必總是隨波，喊著要「活化課程」，因為既然談到「活化」，它必須是「已朽」或「將死」；我們似乎也不必刻意強調，要如何「因才適性」去教，因為課程內部或教學

者本身，本來就「必須」面對各類情才的學生，予以施教。然而，這些詞語，何以仍招搖地標誌在許多教學空間，充滿耳目的生活現場呢？不必談「活化」，是因為課程總是生長的；不必談「適性」，是因為教法總是生活的；可惜這些討論，都被埋沒在無窮的評鑑、評鑑和評鑑下頭。

　　有別於國編館時代出版的《國文教材教法》系列叢書，本書於國文課程設計及閱讀教學，注力較多，其中不乏對專門文學主題的討論。筆者分別執教高中及大學兩個學程，自民國八十八年開放編書迄今，編寫高中國文教材輔材，也有十餘年了。此間，常有和國、高中老師分享教學所得的機會，感受不少基層老師們的用心。近年來，也分別前往甘肅、山東、北京講學，有機會向大陸的中小學老師、學生，宣揚經典之光，分享文學之美，說明我輩在臺的努力，筆者亦樂在其中。

　　本書收錄筆者數年來所發表的國文教學文章，包含對語體文及文言經典教材的討論，有散文、極短篇、小說、新詩等文類；飲食文學、影像閱讀，自然書寫、傳統文化、經典教材等不同主題；內容上，則涵蓋自然地景、環境鄉土、性別平等、生命教育等不同向度的思考。盼望能在既定的課綱教本中，多方釐清並析明教材設計編製之可行性步驟，提供新舊教師一份不同的教學視野。

　　前五篇是以文類及文學主題為核心的教學設計，包括學習單、課程內容的展開及閱讀進路。〈生活經典‧經典生活〉、〈經典的照亮〉、〈多元議題融入經典教學示例〉，則是環扣著筆者長年講習經典的心得及教學示例，後二篇更記錄保存了我和慶陽一中師生的情誼。〈國文新課綱的百年思索〉，則是針對目前高中國文及選修課程的討論，對新舊課綱、未來教學及大考方向的觀察。最後三篇，〈「藏息相輔，修游共成」的大學之教〉、〈理解、詮釋、應用的合一〉、〈一場生命與

生命的交會〉，則是針對大學國文學程，自編教材，在總體教學及閱讀寫作能力訓練上的操作，此亦目前通識課程中，相對貧乏的研究。原皆發表刊登於輔大全人中心會議及學報，今另收錄於此，使用固定教本的老師們，或可作為從事課程設計的其他參考。

　　本書另收附錄三篇，〈高中國文九五、九八、一○○課綱文言核心選文對照表〉，羅列目前高中國文課綱規定的選文篇目；〈各版本文言文補充選文對照表〉，則輯錄整理坊間五種高中國文版本的課外文言文選文，提供教學者講授文言文單元時的參考。除了「核心選文」是大考必考的重點外，文言文課外補充，不只是單一課次的「重要補充」，同時也是幫助學生應考時的維他命、大力丸，是應試時的「關鍵決戰」素材。最後一篇附錄〈教師甄試補體素〉，是筆者和國文實習老師的對談記錄，這群「準老師」們，兼具實習者和筆者學生的雙重身分，讓我時有傳薪之樂。以訪談稿方式呈現，除可提供參加教甄考試的老師們參考外，也是南湖高中培才、育才的真實體現之一。

　　還要再補充說明的是，本書於基礎教學技術的操作，諸如板書寫法、講述步驟、作文命題批閱、測驗考察，甚至教案編寫等，全數闕如，這是因為筆者認為，基礎能力的養成，已可通過各大學的師培中心訓練完成，毋須再多書面文字的討論；何況，過去《國文教材教法》類的書籍，已於此中多所著墨。復次，這些基本能力的訓練養成，準老師們也已在資格檢定前的實習階段，再次被重覆加強了，實無需筆者再為益多。對一名國文教師來說，如何通過個人的教學，告訴學生、甚或社會大眾，文學不死、經典永存，是筆者更重要的關切。經典之為經典，文學之為文學，自有其慧命永續；所謂教材教法設計，不過是將其生命，進一步活出來，特別是勇敢而美麗的活在現實生活裡而已。本書特別聚焦於總體課程設計及閱讀理解訓練上頭，便是為了凸顯經典文學教育的不朽，是生活生長，更是生命的照亮。

　　當然，名題為《國文教材教法與閱讀指導》，還是希望作為一種教材底本的，但又不是初階的訓練，而是轉精耕深的培育加強；不是技術型的操作手冊，而是實踐性的價值藍圖。書撰整理個人施教講學的所得所思，除了和同道同好分享外，更盼望可以對所有參與教學現場的老幹新枝們，起一點作用。老師是傳薪者，我們的任務是點燈照亮後路人，只是花一輩子的時間教書讀書，當然會有累的時候，但畢竟有其快樂，趁著自己將過完半輩子前，記錄我的教學人生，或許也可以視為是另類的職涯誌吧。我的學生輩們長成、活出自己了，雖然不是我的功勞，但至少，我參加過他們的人生！

　　全書付梓之前，特別感恩學思路上，一直陪伴點醒我的家人、師友，感恩這群「貴人團」的裁成幫助，讓我一直無憂地與古人同在；感恩輔仁大學中文系孫永忠主任的提攜，為我提供實現理想的舞臺，讓我得以不斷精進；謝謝南湖高中的同儕，謝謝大家陪我一起慢慢變老；謝謝執教以來的學生們，謝謝大家讓我發現，和大家一起用功努力，是如何歡喜的事！

　　最後要感謝的，還有萬卷樓圖書公司，在如此多音嘈雜的世局裡，猶自堅持理想，照亮後輩，惠允協助本書出版，於此一併申謝。

王慧茹

序於中和居

2014.02

舞動味蕾‧料理人生
——飲食文學及電影《總舖師》閱讀教學示例

　　隨著電影《總舖師》熱賣，社會上掀起一股熱烈討論臺灣傳統飲食的風潮，推究這部電影之所以成功吸引觀眾目光的原因，除了導演本身在選角、取材、運鏡配樂等電影技術操作的成功外，實際上，還包含更多來自對傳統世代的緬懷追索，及對漸趨速簡、西化的飲食文化思考。

　　在當今強調多元價值的現代社會，電影中辦桌師傅精擅的「手路菜」，將以如何的面貌，續存在經濟高度發展的資本主義社會？或者說，在時間快速、成本低廉的市場經濟要求下，如何在「古早味」的美味堅持，和「改造式」口味添加中，取得平衡？要求美味料理的同時，人們是否步上更深沉的飲食危機？只不過，這些沉重的「哲學思索」，都被導演以美味、絢麗的食物包裝起來，隱身在輕巧、趣味的音樂和對話當中。票房帶來的營收利得，使觀眾和從業人員感知了國片的新可能，伴隨著電影而來的在地飲食，再現文化生活場景，娛樂式的行銷手法，熱情而重複的電影配樂、既傳統又現代的鄉土人物扮相、語言趣味，當然也創造出另一波商機。

　　以下分從電影文本及國文教學二方面，另做說明。

一 關於電影文本的討論

《總舖師》取材於臺灣鄉下的「辦桌」活動，深具鄉土色彩，尤其片中人物樂天知命、敦厚純樸、堅韌面對困難的生命力，更是傳統社會的縮影，簡單來說，本片具有以下特徵：

（一）鄉土生活和美味飲食交織入鏡

所謂「總舖師」，指的是受人委辦筵席，到家裡掌廚的主廚。臺灣早期是農村社會型態，物質生活條件不足，鄉紳氏族會藉由廟會慶典等禮俗，舉辦大型筵席活動，一方面為了酬謝神明、祈賜福祐，也有聚集鄉人、團圓親族的目的。其後，這類的筵席活動，更擴大到各項慶典，舉凡婚壽喜宴、甚至哀喪、饋儀等，地方上的大戶人家，會委請專門的廚師，代為備辦這類活動。筵席中的食材，也從初始由主人準備，轉而由主廚團隊負責採購，主廚的收入，也從純粹提供烹調服務的廚藝收入，延伸到負責採買食材料理的業外報價，當然，代購食材可取得的他項營收，遂變成這類「總舖師」是否能在鄉間留下好口碑的原因之一了。總舖師如何在食材成本及提供筵席服務中，獲得利潤，得到肯定，更是所有總舖師們的自我期許。

影片故事是經由一名「總舖師」的女兒而展開的。「總舖師」的美麗女兒詹小婉，和鄉間所有的年輕人一樣，到繁華的臺北工作，擔任看似光鮮的模特兒。小模生活雖然奔忙辛苦，也賺不到錢，但因為是自己多年來嚮往的工作，小婉始終默默地打拚。怎料天真單純的她，遭到男友的背叛和倒債，逼不得已，小婉只得返鄉投靠母親。回到家鄉才發現，母親為了維護已逝父親「蒼蠅師」的廚藝盛名，不惜砸下重金，和當時另有山頭的「鬼頭師」比賽。在一次鄉間的「辦桌」

宴席活動敗北後，母親也隱姓埋名，遠走他鄉，過了一段躲債度日的
生活，為了生存，母親還在遠地開設小吃店謀生。母女在故居以外的
廟街重逢，小婉向母親敘明己身遭遇，幾番暢敘衷曲後，便決定留下
與母親相互依持，母女二人於是開始新生活。母親為招攬客人，時常
使出渾身解數，在廟前廣場熱歌熱舞，同一時間，母女二人因躲不過
黑道債務的催逼，決定北上參加全國年度料理比賽，盼望獲得首獎，
以獎金一百萬償抵部分債款。

　　全片情節便在熱烈的料理競賽中，繼續推向高潮。劇中敷演了小
婉對父親「蒼蠅師」的廚藝傳承；母親說服前來討債的黑道大哥情義
相挺，參與擔任備辦料理的「水腳」助手；故事中，還穿插了一段小
吃店食客──大學宅男網軍的幫助；及對手徒弟與小婉的愛情；甚至
已然退休失智的「蒼蠅師」師傅──「虎鼻師」，也在外傭的照顧下，
一起見證了這場廚藝對決。故事最後，南部鬼頭師，獲得競賽冠軍；
蒼蠅師女兒小婉，獲得亞軍。舊時亦曾盛名一時，比賽中擔任小婉請
益對象的北部總舖師──憨人師，則仍低調地過著他的鐵道遊民生涯。

（二）聲口形象皆備的趣味角色

　　導演以臺南後壁為故事背景，刻畫小婉母親自食其力開設的小吃
店。比賽中的陳年醬油、嘉義民雄的白菜、官田的菱角，是片中美味
料理的靈魂；至於臺灣傳統小吃，如：炒米粉、家常料理番茄炒蛋；
辦桌大菜，如：菊花筍絲干貝、桶仔雞、布袋雞；甚至是辦桌結束打
包回家的菜尾湯；更是片中最令人垂涎、難忘的珍饈。導演花費不少
篇幅，介紹這些早期料理，或以母親的溫情包裝，或以美食競賽中的
炫奇之食與復古之味為對比，均可看見導演有意在食物之外，以感情
的溫度烹調，記錄生命之味。

故事中的小婉和母親，二人齊心同力，在討債大哥、外傭和網軍的協助下，參加比賽，到了比賽終局才發現，討債不過是騙局。於是，討債大哥改過遷善，和小婉母女合開便當店，主人翁母女重燃了親情之火，討債人則找到了希望之味。至於小婉和他的競賽對手——鬼頭師徒弟的愛情，也隨著競賽結束，正式展開。兩人愛情的甘美蜜甜，為整部電影留下美好的餘味……。

至於劇情主軸之外的串場人物，如：憨人師、鬼頭師，號召網軍協助支援比賽的大學宅男，或是故事一開始，用作開啟全片、具象徵意義的總舖師和習藝的幼童，甚至請求小婉代辦婚宴的老夫妻，也都深具典型。

導演不僅在衣裝打扮、語言使用上，緊扣當代特色，更著意於突顯人物性格特徵。如料理醫生——葉如海、小婉，其扮相是當代的性格型男、甜心美女；而三位大學生，則具強烈的宅男特色——靦腆、不擅溝通卻精於網技。當然，劇中的三位核心總舖師，也都各有風格。舉例來說，已逝的蒼蠅師是位忙於工作，卻溫暖慈愛的父親；鬼頭師坐過牢，多少有些江湖氣，臂上滿是刺青，騎著一輛大排音管的機車，臺客味十足；憨人師誠懇質實，矢志不為金玉之饌而為常民之吃的努力，則見其不為流俗所染的性格；至於參與比賽，擔任食客的鄉紳、專家，則不論男女，一律梳著油頭，其惺惺作態、裝模作樣的樣子，也讓人觀之莞爾。

重塑並追索傳統食物做法，堅持烹調本色，是劇中料理廚人的本色，也是觀眾第一直覺感受到的；除此之外，主人翁的臺式國語及導演刻意安排的類歌舞劇短唱、烹煮動作的連續性舞蹈，則見鮮活生動、逗趣有味，特別是多首劇中插曲，歌詞簡短，曲調簡單，在片中不斷重複出現，也頗收符印式的洗腦作用，聞之久久不褪，然而，片中提及現代社會現象，皆出以蜻蜓點水式的點醒，更隱隱閃爍著光亮，值得深入探討。

二 國文閱讀教學上的應用

　　然而，如此一部隱含著世代交替、美味飲食與文化生活的電影，又有哪些地方可以提供國文教學養分呢？筆者以為，教師可依個人任教班級特徵及課程需求，以本片為主，從事「視窗閱讀」（一說「影像語言」）教學，採取以下「論題融入式」及「主題核心式」兩種不同進路入手。以下分由「課前暖身」、「課程核心」、「選用相關的飲食」讀及「課後評量」等階段，說明此四階段的操作步驟及方法。

（一）課前暖身：設計與飲食相關的遊戲，加強學習趣味

　　「飲食文學」專題，本身已是一個趣味的單元，國文教師首先須把握的是，在教學上，務必不違背國文學科的核心設準。基於如此的課程設計原則，舉辦遊戲性太強，諸如分組烹飪、午茶類型的活動，並不適宜，此一方面容易拖宕耗時，流於純粹的玩樂，使國文變成「家政課」，忽略了語文、文化的教學；其次，即使設計遊戲，規範學生必須著眼於飲食的「文化」表現，也很容易將國文變成「說故事」課。此時，教師不妨僅以口述或照片做主題暖身，或是剪輯一段故事性強的廣告，做簡單精要的課程引導，不要溢出文本太多。相關的例子很多，如：「益達口香糖」採四段式的故事，行銷不同口味的木醣醇口香糖，便是一例，此處就不再詳細說明了。

　　還要補充的是，教師在從事課前暖身時，為加強飲食文本的感官體會，在口述或採照片、廣告示例說明時，不妨多運用實體樣品，以幫助說明，加強趣味度。如講述口香糖影片，也可以準備幾盒同款的口香糖，和學生分享；或是配合歲時節令，如聖誕節、感恩節、萬聖節等，預先準備一些造型較特殊的糖果，當作禮物，以鼓勵學生參與

配合，俾便有效積極的互動。除此之外，尚可提供「飲食注音測驗」、「為您寫菜單」學習單，詳如附錄一、附錄二，加強學習趣味。

（二）課程核心

1 融入當代多元議題的「視窗閱讀」

誠如前文的影片分析，《總舖師》所提及的議題，均是當代社會中常見的現象，如：傳統產業式微、甚至沒落，年輕人一味追求看似時髦光鮮的工作，不願踵繼父執輩腳步；或者是，失智的退休廚師，請來外傭照顧，但因付不出房租而慘遭驅離；此間所涉及關於產業轉型、青年就業、老人安養、外傭照顧等問題，值得正視。另外，母親和小婉在小吃店結識的大學生，透過網路召集同好，提供資源，襄助小婉等人參加比賽，則得見新世代在網路世界的真實力量。

此外，片中和小婉談戀愛的「料理醫生」——葉如海，其實是一名更生人，擅長料理的他，四處為獄友尋訪記錄「母親的味道」——番茄炒蛋，最後他也因為這道家常菜，治癒了自己自小失去母愛的創痛。他不僅透過廚藝重啟人生，也勾串啟動了整個故事的發展。非常特別的是，料理醫生的工作職責，是幫助各飲食店老闆改善製作流程，料理出更美味的食物，阿海透過民間行腳，記錄了傳統料理的演變之跡，同時也在實地走察探訪中，實踐了個人的夢想。當然，「料理醫生」此一新興行業，在小吃店林立的臺灣社會，前景可期，值得鼓勵。

此外，還有廚藝比賽背後的隱形助力：北部廚師——憨人師對小婉的信心鼓勵，也很值得討論。片中不斷提到，憨人師的料理之所以美味，是因為他所製作的料理，總讓人感受到「人的味道」。在小婉無法突破比賽瓶頸時，他陪伴小婉進入想像世界，開啟了哲學式的對

談，在一番關於廚技、廚藝的點醒後，終於幫助小婉度過難關。

　　一切還得追溯到孩童時期的小婉開始。童稚期的小婉，有一顆細緻善感的心靈，她沉浸在紙箱世界中，以想像躲避煩惱；成年後的小婉，開始懂得以紙箱世界自我療治，每當心緒糾擾時，小婉總如兒時的她，戴上紙箱，自問自答，自我安慰。在這次事件中，憨人師陪她戴上紙箱對話，二人的設問作答，都飽含哲理，閃爍著靈光。憨人師雖名為憨直之輩，其智慧的話語，卻更勝常人，他不僅代表人類心靈善美的一面，也道盡了「總舖師」的過去、現在、與未來。

　　多元議題的探究，是傳統國文課程，作為語文、文學向度外，更重要的文化思索，文化既是人類生活的總稱，作為人文學科之母的國文課程，自然包蘊了文化層次。飲食不僅是一種文化生活的表現，在現代化社會中，飲食生活受到重視的程度更遠逾想像，透過本片之開啟，思考當代社會中與飲食直接相關或延伸的論題，當是觀看本片可嘉許之處。

　　提醒學生在觀賞本片時，勾勒出可聯繫的當代論題，並思考可能的解決方案，便可有效處理學生迷亂在聲光刺激中，忘記「視窗閱讀」的學習本懷。記住片中有趣的橋段、重複的音聲，固然有娛樂效果，但若能在娛樂中學習並有收穫，則是更愉快、更高層次的學習。

　　片中諸多經典對話，都相當有文學趣味，教師可在學生觀賞本片初始預作安排，請學生寫下一些經典話語，分析其內涵，以加深加廣文學閱聽的範疇。如：料理醫生回憶，並形容美味的炒米粉時說：「那個時候，米粉是米做的」、「米粉走出了自己的路」，前句嘲諷並說明了現在市場上所販售的米粉，絕大多數含米量都極低，取而代之的是綠豆粉及改造澱粉。食品過度被加工改造的現象，普遍存在，但多數不被討論、不受正視，製造商為節省成本，消費者為節約荷包，也在不知不覺中犧牲了自己的味蕾或健康。後句則是運用文學上的轉化修

辭，極言炒米粉的美味，好的廚師可以幫助「米粉走出自己的路」，當然也可以幫助自己闖蕩出個人的廚藝之路，米粉不過是尋常且便宜的食材，但這句對廚師和米粉的「雙重讚美」，卻可以說是很高級的稱譽。教師可在學生觀看本片前，預作提示，發下如附錄三的學習單，引導學生做不同角度的人文思考，更可收寓教於樂之趣。

　　類似的「視窗閱讀」學習單，可適用於任何文學電影或影像閱讀，感官聲色的刺激，雖不必包含在國文學科中，但作為一名國文教師，卻也不必排棄這類影像文本，因為語言的表達，顯然已從傳統的文字意象，滑轉延伸為聲光圖像的藝術，如何透過不同的載具載體，傳達理念，顯然是新世代學子更迫切的需求。閱讀電影，認識當代影像語言的表現方式，發現不同的生命趣味，自亦有啟於學生多元才藝的未來發展。

2 以飲食文學為主，採文學主題方式賞讀

　　除了前項採「多元議題」融入「視窗閱讀」的講讀方式，從事國文教學外，教師另可採取「主題式」講讀、或「文類式」的分判方式，講授本單元。

（1）以「文類」為進路，講讀飲食文學

　　以「文類」為核心，從事範文教學，是一般教師較常使用的講讀方式，例如講讀詩歌、散文或小說等。不論講讀哪一種文類，基本上，教師都會對該文類先做形制上的釐清和範定。對文本界域的釐清，有助於學生從事創作時的進路，當然更直接助益於讀寫能力之提升，此外，辨析「小說體散文」、「詩化散文」的分際，不論從事創作或應試的散文書寫，也都有絕大的好處。

　　從文類的角度展開，教師首先遇到的難題，便是難以將影像文本

遽以歸類，因為絕大部分的電影，都屬於「劇情片」。而所有的電影或劇情片，都在說故事，此時，教師不妨改從敘事視角及影片所形塑的人物角色構設上入手。

以《總舖師》來說，全片採順敘法鋪陳故事，其中又加入插敘、補敘等手法，以補充或加強說明。故事發展以小婉和母親參加料理比賽為主軸，同時，導演為渲染所欲突顯的鄉土風味，又另外拉出不同的情感支線，彼此環扣呼應。青春洋溢的小婉和料理醫生阿海一組；年近垂暮的夫妻一組；故事最後，垂暮之年方結縭的老先生、老太太，終於在小婉的廚藝競賽中，品嚐到倆人初遇時的喜宴餐食，完成終身大事。舊時的料理口味，見證倆人愛情的持恆堅貞，當然也為小婉最後落敗的料理比賽，添增外一章的價值意義。

女主角小婉，不僅由小模成功轉型為廚師，也在這場比賽結束後，開始和阿海交往，兩段愛情都有大團圓式的喜劇結局。

由故事發展的層次切入說明，可幫助學生加深閱讀文本的深度，另就寫作上來說，亦可習得敘事設計及人物安排的技巧，不論從理解內涵的啟發，或讀寫能力的加強，都有可學習之處。

（2）以「主題」為範圍，延伸相關文本

以文本的核心內容為範圍，做主題式的閱讀寫作，也是教師所喜歡採用的方式之一。《總舖師》無疑可作為一篇「飲食文本」來討論。

「飲食文學」之所以可貴，通常不在敷寫描摹食物之美味，而在突顯辛香苦辣之外的味外之味、人生之味，是以藉著食物以抒感緬懷，或記人事喜悲、或寫今昔榮枯，往往才是這類作品，再三引人品賞之處。

以本片來說，片中所交織的飲食之美、人情之善，親情之思、愛情之慕，都值得欣賞；而關於「總舖師」行業的今昔對比，甚或世代

變異下，由「總舖師」到行政主廚、料理醫生的薪傳，也都含藏著許多飲食之味、生命滋味，值得從文學書寫的角度，深入剖析。

復次，本片中，構設了北、中、南三地的舊時廚神——憨人師、鬼頭師、蒼蠅師，分別標誌著做為人界、鬼界、神界的廚藝領袖。「蒼蠅」之「蠅」，閩南語讀作「神」，三人雖各有擅場，又以蒼蠅師略勝一籌。憨人師志在服務眾生，傳道不傳技，故無傳人；鬼頭師的弟子，是前文曾提及的料理醫生阿海；而蒼蠅師的女兒小婉，最終算是勉強繼承父親衣缽，在家鄉開了一間便當店，實現她兼擅美模與廚藝的夢想。

對詹小婉和小婉的母親來說，片中所記錄的，便是他們的家族書寫，是生命史與成長記實；而對三位昔日的廚神而言，本片更可以是傳記文學，讓觀眾看見古今廚人攜手勾連的新可能、新未來。

與《總舖師》類似的飲食電影，還有如：《美味關係》（*Julie & Julia*）、《香料共和國》（*A Touch of Spice*）、《濃情巧克力》（*Chocolate*）等。《美味關係》記錄一位部落客因為書寫部落格文，閱讀一本法式料理書籍，後來成功轉型成為美食評論家的故事。片中採雙軌並陳、今昔對比的敘事方式，介紹了兩位女性，性質類似的廚藝人生，由於是真實故事改編而成，採現代化的電影語言，筆者幾次於課程中操作本片，均獲得學生高度的支持和喜愛。《香料共和國》是文學小說改編而成的電影，主要描述一個小男孩的成長歷程。藉由平民的生活轉變，淡淡道出土耳其與希臘這兩個國家間的恩怨情仇。全片以香料為主軸，貫串並包裝以歷史、政治元素，以充滿誘惑的烹飪儀式，呈現濃郁的鄉愁，是一部夾雜文化、宗教和人種問題的電影。《濃情巧克力》則是描述一個原本保守的城鎮，因為巧克力的緣故，讓小鎮上的人們性格變得開放，濃郁的巧克力，不只芬芳舞動了舌尖味蕾，更凝聚並感動了人心。以上以飲食為主題的影片類文本，都同樣包括了一

個「人的故事」，或廚師、或美食評論家、或小鎮居民，這些人都因為「食物」的調製加料，溫潤甜美了他們的人生，品賞美食，品味生活，品讀人生，是這類飲食文本很重要的特徵，閱讀一部美食影片，也就等於同步閱讀了故事中人物的生命，是以這類的飲食文本，當然也可以是一部類傳記性質的電影。

　　教師可針對不同的施教對象，擇用不同的講讀進路，針對職業類科的學生，不論作為傳記文學或飲食文學，都是學生會感到興趣的主題。即如一般的高中學生，引導學生在「吃喝玩樂」中學習，鼓勵學生探究在地的美食，及美食背後的故事、意義、甚或價值，也是飲食文學書寫所重視者。此外，也可以根據食物或料理本身，作歷史性的溯源探究，或現代化的科學性分析考察，皆是飲食文本可茲從事的教學方向。

（三）選用相關的飲食文本對讀

　　傳統的閱讀，多以文字為單一素材，分析文章的章法結構，事實上，影音傳媒進步的時代中，「影像閱讀」、「視窗閱讀」也是吸引學生目光、提升學習國文趣味的方式之一。《總舖師》作為「視窗（影像語言）閱讀」的文本，其閱讀寫作之操作方式已如前文說明，筆者此處，還想再進一步說明本片與其他文本對讀的教學方式。教師可審酌個人教學時間，以為經權常變的處理。

　　以「影像閱讀」為核心者，可輔以文字性質的文本，以前者為「經」，後者為「緯」，經緯交錯、交叉併讀；以「飲食文學」文本為核心者，則可輔以本片對讀，以文字閱讀為「經」，以影像閱讀為「權」，守經通權以完成閱讀目標。前者適用於教學時間較寬裕的情況，教師可就電影中的分鏡、選角、場景設計，甚至片中插曲及歌詞

安排，再加分析解說；後者則適用於國文教學的一般情況，以飲食範文的講讀為核心，併同觀賞本片，以提升學習趣味，若再加上學習單寫作，更可證成娛樂之功。

以下針對以飲食文學文本講讀為核心者，再作說明。

1 語體飲食文本舉隅

高中課本中，收入與飲食相關的文本，如：逯耀東〈出門訪古早〉、簡媜〈竈〉，徐國能〈第五味〉，教師可先講讀課本範文後，選讀性質相同的文本併讀。筆者編寫的《文學光廊》（南一書局）飲食文學主題中，收有簡媜〈肉慾廚房〉、焦桐〈論吃飯〉、徐國能〈刀工〉三篇散文；至於，同屬飲食文學的現代詩，如：羅門〈麥當勞午餐時間〉、隱地〈吃魚女子〉、羅任玲〈美食主義者〉、李敏勇〈麵包與花〉、席慕容〈酒的解釋〉；短篇小說如：李昂〈果子狸與穿山甲〉（按：以上各篇詩文，均收入《搶救閱讀理解 —— 現代文篇》，龍騰出版社）……不一而足，教師可依授課需要，擇其一、二，在講讀飲食文學主題單元時，和學生一起賞讀。

2 古典飲食散文舉隅

除了語體文的文本之外，古典詩文中，也有許多和飲食有關的作品，即使蘇東坡曾說過：「寧可食無肉，不可居無竹」，但他是個美食饕客，卻也是不爭的事實，著名的「東坡肉」，便是因他而研發製作的美食。除此之外，東坡還說過：「日啖荔枝三百顆，不辭長作嶺南人」、「蔞蒿滿地蘆芽短，正是河豚欲上時」，大大方方地坦承他對荔枝、河豚的垂涎與熱愛，可見飲食對生活趣味的影響。當然，這些果物美食，似乎也因詩人的名句，而更加添色增味。

除了在課本中講讀「飲食文學」語體文範文之外，教師可另擇文

言文選文，讓每單元的國文選文，都有文言、語體併讀的機會。茲節
選連橫《臺灣通史》中的飲食篇章，補充說明如下：

（1）《臺灣通史》〈風俗志‧飲食〉

　　檨為臺南時果。未熟之時，削皮漬鹽，可以為羞，或煮生魚，其
味酸美，食之強胃。黃時汁多而甘，眾多嗜之，或以下酒，然非臺南
人不知此味。《赤嵌筆談》謂：「臺人以波羅蜜煨肉，鳳梨煮肺，亦海
外奇製。」信不誣也。番石榴亦名茇奈，遍生郊野，盛出之時，切皮
棄子，和以油糖，下鹽少許，煮而食之，亦可下飯。檳榔可以辟瘴，
故臺人多喜食之，親友往來，以此相餉。檳榔之子色青如棗，剖之為
二，和以蔞葉石灰，啖之微辛，既而回甘，久則齒黑。檳榔之性，棄
積消濕，用以為藥。近時食者較少，盈盈女郎競以皓齒相尚矣。檳榔
之幹，其杪如笋，切絲炒肉，味尤甘美，臺人謂之半天笋。

注釋

檨：音ㄕㄜˋ，即芒果樹。

茇奈：番石榴的俗稱。茇，音 ㄅㄚˊ，或作「拔」。

辟瘴：音 ㄅㄧˋ ㄓㄤˋ，驅除瘴癘之氣。

蔞葉：植物名。胡椒科，常綠藤本。莖蔓生，全株無毛，葉子呈橢圓
形，花綠色，有芳香。秋季結實，果實有辣味，可以製醬。亦稱為
「枸（ㄐㄩˇ）醬」、「蒟（ㄐㄩˇ）醬」。蔞，音ㄌㄡˊ。

杪：音ㄇㄧㄠˇ，樹枝末端。

笋：音ㄙㄨㄣˇ，本作筍。此指檳榔樹的末梢嫩芽，即俗稱之檳榔心。

翻譯

　　芒果是臺南的時令水果。（芒果）未熟的時候，削皮用鹽浸漬，可以當作美食，或是用來煮生魚，味道酸甜可口，吃了可以強胃。芒果澄黃成熟的時候，多汁甘甜，許多人都很愛吃，或是用來下酒，然而若不是臺南人，就不知道這種滋味。《赤嵌筆談》上說：「臺灣人用波羅蜜煨煮豬肉，用鳳梨煮豬肺，也算是海外奇異的飲食製品。」實在不是騙人的。番石榴也叫做茇奈，遍長在郊野，番石榴盛產的時節，切除果皮挖棄番石榴子，用油糖攪拌，加上少許鹽巴煮食，也可以下飯。檳榔可以排除體內的濕氣，所以臺灣人多數都喜歡食用，親朋好友往來，也用檳榔相互送禮。檳榔果實的顏色青綠像棗子一樣，將它剖開成兩半，混合蔞葉石灰，吃起來有微微的辛辣味，不久會產生甘甜的味道；長期吃檳榔，牙齒會變黑。檳榔的本質可以幫助消除胃部脹氣、消除體內濕氣，所以可以用來當藥材。近來，吃檳榔的人較少，因為儀態輕巧美好的女子，競相以潔白的牙齒為美。檳榔樹幹的末梢很像筍子，用來切絲炒肉，滋味尤其甘美，臺灣人把它稱做「半天筍」。

（2）《臺灣通史》〈農業志〉

　　產於嘉義山中，舊志未載其名。道光初，有同安人某，居於郡治之媽祖樓街，每往來嘉義，採辦土宜。一日，過後大埔，天熱渴甚，赴溪飲。見水面成凍，掬而飲之，涼沁心脾。自念此間暑，何得有冰？細視水上，樹子錯落，揉之有漿，以為此物化之也。拾而歸家，以水洗之，頃刻成凍。和以糖，風味殊佳，或合以兒茶少許，則色如瑪瑙。某有女曰愛玉，年十五，楚楚可人，長日無事，出凍以賣，飲者甘之，遂呼為愛玉凍。自是傳遍市上，採者日多，配售閩粵。按愛玉子即薜（ㄅㄧˋ）荔，性清涼，可解暑。

注釋

土宜：此指備辦購買名產。

掬：音ㄐㄩˊ，捧。

翻譯

　　出產在嘉義山上，《臺灣府志》沒有記載它的名稱。道光初年，有一個不知名的同安人，住在郡政府所在的媽祖樓街，他常常往來嘉義購買名產。有一天，他經過後大埔，因為天氣熱，非常渴，就到溪邊飲水。見到水面上有半固體的結凍，他雙手捧起來喝，感到涼爽之氣滲入心脾。他想，這裡這麼熱，怎麼會有冰？再仔細觀察水面，有果實參差相雜在上面，用手搓揉便產生汁液，他認為水面上的凍就是這樣產生的。他把果實撿回家，用水洗，一下子就結成凍了。再跟糖攪拌在一起，滋味特別好；如果混合少量的兒茶，顏色就像瑪瑙一樣。他有一個女兒叫做愛玉，十五歲，長得嬌媚動人，惹人憐愛，因為整天沒事做，就做凍來賣，喝的人都覺得滋味甘美，於是把這個凍叫做「愛玉凍」。從此以後傳遍鄉里，去摘採的人就越來越多，還銷售到福建、廣東。我考查後發現愛玉子就是薜荔，屬清涼性質的果物，可以用來解熱。

　　第一篇文字，主要在說明檨、番石榴及檳榔的食用方式，及檳榔的藥效。檨、番石榴及檳榔都是臺南的特產，其特殊的美味，只有臺南人能理解，作者還徵引《赤崁筆談》中，波羅蜜、鳳梨可入菜之例，指出「檨」同具水果和菜餚之勝；其次續寫番石榴，亦可煮食下飯；最後是檳榔，檳榔子可食，檳榔之幹，其秒如笋，可炒成一道美味的「半天笋」。

　　以上三者，除了皆可作為料理外，檨和檳榔還具有保健養生功

效，檨可強胃，檳榔可以辟瘴；此三者皆是臺人所嗜食的果子，在日常生活中，或有食療之效，或做往來餽贈之用，實用性不小。第二篇文字，記錄愛玉子偶然被發現及命名的過程。作者自言從傳聞中得知此事，並說明其製成販售經過，為臺灣農業作物的樣貌留下記錄。

這二篇文字都十分簡單有趣，教師不須多費時講解，甚至也不必要求學生一定要留下閱讀「證據」，如若教師仍十分罣礙，可操作使用本文篇後附錄——學習單四「『飲食文學』閱讀指導　學習單」，請學生回家書撰。

（四）課後評量

施作完主體課程之後，教師通常會安排課後學習測驗，以為單元性評量，測驗學生的學習效果，並作為個人從事類似相關課程的參考，換言之，教師雖不必以學生成績分數上的良窳表現，以為個人教學之「績效」、「業績」，但適當地審酌學生回饋及反應，卻是教學上之必須。除了課本範文講讀，備有坊間成卷，可作為評量測驗之用外，附錄中所提供的學習單三、四，亦可參酌使用。

三　結語

飲食不僅是生活之必須，同時也是文化生活的樞紐與調劑，隨著物質文明提升，臺灣人的飲食內容，也有了更豐美的變化。時時播送的美食節目、甚至新聞片段，不斷逗引著人們的嗅覺和味蕾，「民以食為天」顯然已不是一句平鋪的生活格言，而是充滿實踐精神的行動宣示，既然飲食是庇佑人們生活最重要的「天」，又怎能不重視呢？飲食文學的寫定完成，標誌著人們對口腹慾望、舞動味蕾之外的心靈

滿足，是作家作品流瀉於齒頰、噴薄於筆端的文化滋味、生命況味，不僅記錄了時代之遷、人情之變，更體現出生活中的百千風味，讀者在品賞這些佳構的同時，自然也都跟著變成了美食家、品鑑家。

認真想想，飲食文學之所以真正美味、趣味、有味，往往來自飲食之外的「味外之味」，文學總是關聯著人生而來的，而人生之所以有味、有趣，也就在這難以言說的「味外之味」了。清粥小菜、金炊玉饌各有所好，亦各自有需，至於人生啊，得怎麼燒煮焙燉，怎麼料理添味，也就看人們怎麼擔任自己人生的「總舖師」，煮出如何的生命之味了吧。

附錄一

您吃對了嗎？——飲食注音測驗

班級：＿＿＿＿　姓名：＿＿＿＿　座號：＿＿＿＿

＊您～真的吃對了嗎？？？？？？請用正確的注音來點菜喔…… 以下「　」中的國字，請填入正確的字音。		
1.「咖」哩飯	2.味「噌」湯	3.牛「腩」飯
4.「腓」力牛排	5.「蚵仔」麵線	6.「蛤蜊」湯
7.紅豆粉「粿」	8.「烙」餅	9.刀「削」麵
10.豆「豉」蒸魚	11.紅「麴」麵線	12.低「脂」鮮奶
13.牛「軋」糖	14.肉「燥（臊）」麵	15.「炮」羊肉
16.雞「煲」飯	17.龍「髓」湯	18.「炸」雞
19.「涮」涮鍋	20.「鰻」魚飯	

解答

＊您～真的吃對了嗎？？？？？？請用正確的注音來點菜喔…… 以下「」中的字，請填入正確的音。		
1.「咖」哩飯　ㄎㄚ	2.味「噌」湯　ㄘㄥ	3.牛「腩」飯　ㄋㄢˇ
4.「腓」力牛排　ㄈㄟˊ	5.「蚵仔」麵線　ㄜˊㄗˇ	6.「蛤蜊」湯ㄍㄜˊ　ㄌㄧˊ
7.紅豆粉「粿」　ㄍㄨㄛˇ	8.「烙」餅　ㄌㄠˋ	9.刀「削」麵　ㄒㄧㄠ
10.豆「豉」蒸魚　ㄔˇ	11.紅「麴」麵線　ㄑㄩˊ	12.低「脂」鮮奶　ㄓ
13.牛「軋」糖　ㄧㄚˋ	14.肉「燥（臊）」麵　ㄙㄠˋ	15.「炮」羊肉　ㄅㄠ
16.雞「煲」飯　ㄅㄠ	17.羊「髓」湯　ㄙㄨㄟˇ	18.「炸」雞　ㄓㄚˊ
19.「涮」涮鍋　ㄕㄨㄢˋ	20.「鰻」魚飯　ㄇㄢˊ	

附錄二

為您寫菜單——食物字形測驗

班級：_____　姓名：_____　座號：_____

＊點好菜了嗎？？？？？為您填寫菜單囉……
　以下「　」中的字音，請填入正確的國字。

1.「ㄅㄠˋ」冰	2.「ㄓㄢ」粥	3.「ㄜˊ」仔煎
4.「ㄅㄠˋ」魚	5.乳「ㄌㄨㄛˋ」	6.大「ㄓㄚˊ」蟹
7.「ㄆㄠˊ」瓜	8.「ㄌㄠˋ」餅	9.荸「ㄑㄧˊ」
10.「ㄒㄧㄢˇ」精	11.「ㄨㄢ」豆	12.「ㄐㄧˋ」菜
13.「ㄒㄧㄢˇ」菜	14.「ㄍㄡˇ」杞	15.大「ㄙㄨㄢˋ」
16.「ㄩㄢˊ」荽	17.「ㄘㄠ」米	18.「ㄕ」目魚
19.牛「ㄅㄤˋ」	20.米「ㄎㄤ」	21.肉「ㄈㄨˇ」
22.金「ㄐㄩˊ」	23.「ㄋㄨㄛˋ」米	24.「ㄌㄧˋ」子
25.「ㄨㄟ」湯		

解答

＊點好菜了嗎？？？？？為您填寫菜單囉……
　以下「　」中的字音，請填入正確的國字。

1.「ㄅㄠˋ」冰	刨	2.「ㄓㄢ」粥	饘	3.「ㄜˊ」仔煎	蚵
4.「ㄅㄠˋ」魚	鮑	5.乳「ㄌㄨㄛˋ」	酪	6.大「ㄓㄚˊ」蟹	閘
7.「ㄆㄠˊ」瓜	匏	8.「ㄌㄠˋ」餅	烙	9.荸「ㄑㄧˊ」	薺
10.「ㄒㄧㄢˇ」精	蜆	11.「ㄨㄢ」豆	豌	12.「ㄐㄧˋ」菜	薺
13.「ㄒㄧㄢˇ」菜	莧	14.「ㄍㄡˇ」杞	枸	15.大「ㄙㄨㄢˋ」	蒜
16.「ㄩㄢˊ」荽	芫	17.「ㄘㄠ」米	糙	18.「ㄕ」目魚	虱
19.牛「ㄅㄤˋ」	蒡	20.米「ㄎㄤ」	糠	21.肉「ㄈㄨˇ」	脯
22.金「ㄐㄩˊ」	桔	23.「ㄋㄨㄛˋ」米	糯	24.「ㄌㄧˋ」子	栗
25.「ㄨㄟ」湯	煨				

附錄三

「視窗閱讀」閱讀指導　學習單

班級：＿＿＿＿＿　姓名：＿＿＿＿＿　座號：＿＿＿＿＿

1. 你所觀看的這部電影，片名為何？

2. 請說明本片中和現代生活最接近、最令你感動的一幕？並說明原因。（限 150 字以內）

3. 請寫出二句本片中的經典對白，並說明給你的啟示為何？（每則啟示限 150 字以內）

4. 觀賞完本片之後，除了飲食本身，你覺得本片還有哪些地方和現代生活的議題有關？試舉一、二說明之。

5. 你喜歡這樣的閱讀活動嗎？請各寫出一項本活動的優、缺點。

附錄四

「飲食文學」閱讀指導　學習單

班級：_____　姓名：_____　座號：_____

1. 你所閱讀的這兩篇文章，其間介紹了哪些臺灣的重要果物或糧食？

2. 以上選文中，或多或少提及一項農產品。請說明其中最令你印象深刻的部分？

3. 透過前文的說明，請寫出一項食物的使用方式及功效？

4. 你覺得飲食和文化有關係嗎？請說說你的看法為何。

5. 你喜歡這樣的閱讀活動嗎？本課程中所選錄的諸篇選文，你最喜歡哪一篇？請說明之。

學生作品示例

「視窗閱讀」閱讀指導　學習單

班級：<u>輔大哲學一愛</u>　姓名：<u>張舒婷</u>　對本片的評價（0-5 分）：<u>4</u>

1. 你所觀看的這部電影，片名為何？

〈總舖師〉

2. 請說明本片中和現代生活最接近、最令你感動的一幕？並說明原因。（限 150 字以內）

我認為詹小婉在辦桌比賽上炒鱸鰻的畫面最讓我感動，因為她在面對令人卻步的大火時，即使感到害怕，會有想退縮的想法，但終是克服了對魚、對大火的恐懼。她知道她過世的父親一直陪著她，而且為了挽救父親的名聲，她必須努力奪得第一名，所以咬緊牙關，撐了下來。現在的社會上，也有許多人像小婉一樣，為了自己、為了別人對自己的期許而努力，我認為這是最令人敬佩的。

3. 請寫出二句本片中的經典對白，並說明給你的啟示為何？（每則啟示限 150 字以內）

（1）　「苦瓜之所以苦，是因為番茄和青椒不斷的對他訴苦，而他卻找不到人訴苦。」

我發現當我們只是不斷當好友的垃圾桶，卻沒有一個屬於自己的抒發管道時，我們也許會因此而變得不快樂，也許會因此而丟失了原本的自己。這句話雖是憨人師對小婉說的一句玩笑話，但我認為延伸出來，其實也是很有意義的一句話。

（2）　　「當看到人們開心吃著自己的菜時，自己便感到很開心，不去想名和利，這是總舖師的古心。」

　　想要煮出古早味，就必須擁有總舖師的古心，相同的，當我們想做好一件事時，想到的，不應該是這件事完成後，能為自己帶來多大利益，能否讓名聲遠播。相反的，我們應該想的是，這件事能讓多少人受益或感到幸福，並且試著在過程中學習，畢竟經驗遠這比金錢重要。

4. 觀賞完本片之後，除了飲食本身，你覺得本片還有哪些地方和現代生活的議題有關？試舉一、二以說明之。

　　片中提到蒼蠅師的徒弟阿財師，在獨立門戶後，從事辦桌時，使用的多不是傳統食材，而是冷凍食品，甚至使用味素替代幾小時的熬湯，讓傳統辦桌的意義逐漸消失。這和現在許多知名的老店，面臨傳統與現代的拉扯很類似。老一輩的人，引以為傲的古早味，逐漸被冰冷機器所製作的加工品替代，卻難以力挽狂瀾。也許我們喝的古早味豆漿，早已不是用雙手、用汗水去研磨，也許往日熬了十幾小時的膏湯，早已被即食的湯包所取代。就這樣，「古早味」在這科技發達的世界裡逐漸消失，最後也只能成為片中所呈現的壁畫一般了吧。

5. 你喜歡這樣的閱讀活動嗎？請各寫出一項本活動的優、缺點。

　　我喜歡這樣的閱讀活動，因為它讓我學會用心觀察，而不是像以前一樣，只會用娛樂欣賞的心態去看電影。我學會了去思考電影所想要傳達的想法，甚至是去延伸電影裡沒有提及觀念。唯一的缺點是，由於這部片太新，必須到電影院看，所以我還必須找出一個時間去看，無法只是借DVD在家中看。

「視窗閱讀」閱讀指導 學習單

班級：輔大哲學一愛　姓名：陳於姍　對本片的評價（0-5 分）：　4

1. 你所觀看的這部電影，片名為何？

《總舖師》

2. 請說明本片中和現代生活最接近、最令你感動的一幕？並說明原因。（限 150 字以內）

小婉在炒鱔魚的時候，旺盛的火焰幾乎燻黑她的臉，燒焦她的衣服，眼看她就要無能為力，此時她父親的身影浮現面前，彷彿陪著她一同克服這道料理，給予她精神支柱，這一幕使我眼眶泛紅。我感動的原因，是因為**每當我就要倒下時，親人總是給我力量，使我繼續前進**；尤其是離開家鄉，到異地生活後，我更能體會親情的力量。

3. 請寫出二句本片中的經典對白，並說明給你的啟示為何？（每則啟示限 150 字以內）

(1)**做出再好的菜，也不能滿足所有人，所以心若歡喜，菜就好吃。**

——憨人師

我喜歡吃咖哩飯，也常思考為何媽媽煮的總是最美味？後來我想是因為全天下的媽媽做飯給自己的小孩吃，都是心甘情願、洋溢著幸福、並且充滿愛心的。心若歡喜，菜就好吃；同樣的，我們在實現理想時，若是沒有展現並且投入熱情，那麼最終得到的，不過是一碗便利商店的微波咖哩飯，看似色香味俱全，但就是少了那麼一點味道。

(2)**米粉是米做的，但是米粉走出了自己的路，我想米也會為米粉感到驕傲！**

——葉如海

　　米跟米粉本來是同個原料，都是由稻米而來，但是米粉經過機器壓絲、高壓蒸煮、切斷、拆絲、折絲，最後曝曬，並搭配適當的調理，終於使稻米成現出截然不同的口感，有了更多變化。我體悟到，傳統確實有可能隨著時代變遷而被淘汰，但若是我們能多花點心思，在傳統之上做點變化，終會有新的成果，同時也能傳承並發揚傳統精神。

4. 觀賞完本片之後，除了飲食本身，你覺得本片還有哪些地方和現代生活的議題有關？試舉一、二以說明之。

（1）當鬼頭師把布袋雞、雞仔豬肚鱉、菊花筍絲干貝、通心鰻……等等幾道獨門辦桌菜傳承給他的徒弟——阿財師後，阿財師並沒有將老師傅的精髓發揚光大，反而以違背傳統、投機的手法鑽取錢財，譬如購買現成的料理，甚至連薯條都搬上桌了。蒼蠅師的料理最後並沒有完全傳承下來，但是他的女兒以及老婆，賣起了便當，我想她們也算勉強繼承了。現實生活中，許多傳統產業也正在消失，這部片也點出，面臨現代化的挑戰，傳統要如何傳承並且賦予新的意義，是一個很重要的議題。

（2）小婉的童年生活並不愉快，爸媽總是忙著招呼客人，於是她喜歡躲進木箱裡，發揮她的想像力，到達另一個國度。從小婉順手煮起麵，以及片頭的部分，在家煮出的一桌菜，不難看出她有煮菜的天分，然而她從不立志當廚師，甚至說絕對不會嫁給廚師，是不是也是一種沉默的抗議呢？因為她的童年時期，爸媽都忙著煮菜、招呼客人，使她倍感孤寂。我想這個忙碌的社會中，父母並不是刻意要忽略孩子，而是花太多心思在工作上，不小心「疏忽」親子之間相處的重要性了，然而這個不小心，卻可能會造成深遠的影響。

5. 你喜歡這樣的閱讀活動嗎？請各寫出一項本活動的優、缺點。

我喜歡這樣的閱讀活動。

優點：我想優點就是國文課可以不只是學習古文，還可以從電影中學習道理。藉由這個活動，我很認真的研究了《總舖師》，才發現原來一部電影隱含這麼多人生哲理，並且能跟人生相呼應，這是我之前沒想到的。另外，在看電影的時候，我也從來沒這麼認真記下過名言佳句。

缺點：研究一部電影，就會想研究更多，然而這畢竟是一堂國文課，不是電影研究社，不能做全面性的解析，算是美中不足的地方。如果能夠以文學的角度帶入，就不會顯得美中不足，而且還能使這個活動特別有意義。

人文與自然的交輝
——以劉克襄〈古橋之戀〉為例

一　前言

　　隨著環境意識增強，對生長土地的關心，近年來，不乏一些關於自然書寫的作品，此中，被收入課本，作為範文教材的作家作品，更是引起國文教師的普遍關切。原因之一是，傳統文學，向來缺乏關於科學自然、知識體系的討論，而少數相關的作品，似乎拓廣不易乏人聞問，是以不論在創作數量或品質上，相對於抒情文本要少，專擅寫作自然山林的優秀作家，也顯得培育困難。

　　對國文教師來說，更感到頭痛的問題是，個人對自然科學的知識，普遍認識未足，但若忽略文章中對自然世界的介紹，於一己教學之開展，又感未愜，在如此的心理成素下，舉凡講授自然書寫的選文，都讓第一線執教的教師們感到困擾。

　　劉克襄〈古橋之戀〉是龍騰高中版國文，因應一〇一年開始實施的新課綱，所選入的高一語體文教材，教師們對劉克襄或許並不陌生，但對文中所描寫的「古橋」主題，卻不盡然有所認識。本單元除了是回應課綱要求，教材中需有「多元議題」融入國文課程而選入外，純就文本而言，更包含了歷史、地理知識的人文書寫，及科學與文學、知性的與感性交融共構。因之，它可以是一篇自然文學、人文觀察之作，簡單來說，也是作者的記遊行旅所得，其描寫古橋所展現的情境與存在意義，更飽含了許多人文之思。

二 講讀範文的可行性步驟

教師在講讀本課時，不妨可從以下幾點展開思考：

（一）以本文所融攝的多元議題為進路

本文雖寫古橋，但其中包含有環境保育、歷史地理的考察，作者更在其中詳細記錄多年來的踏查經驗和心情。劉克襄以臺灣史的變遷為序，大略將其所見的古橋分為四類，雖別為四類，事實上也都間接表現出臺灣各地的人文生活圖像，這是文化生活，是史志學、地理學、甚至是博物學，當然更是文學的。教師毋須迷亂於作者對古橋的分判「究竟如何？」，或者困於解析文中所說的各色古橋到底「是什麼？」，而不妨考慮，這些目前仍然可見的古橋「留下些什麼？」，或者可以「帶給我們什麼？」上思考。留心生活現場的一草一木，舉凡自然、物景，都可帶給我們不同的啟示，帶來不同的生活趣味。

換言之，對這類自然書寫的文本講授，仍應環扣在對「當下之我」，即讀者的當下生活上思考，對讀者不熟悉的科普知識，正可透過本文以管窺，做概括式、綜合性的基礎認識，國文教師所注力者，仍應鎖定在本單元作為語文、文學學科的課程目標上，就作家作品的語言、文學表現上，多加闡釋。

（二）結合當代行旅踏查的討論

臺人的旅遊意識十分發達，雖然隨著國際經濟衰頹，近年來，出國旅行的人次屢有下滑，但本土的旅遊業，卻仍保持著一定程度的熱絡。此間一部分是大陸來臺觀光自由行的旅客增加了，但也和臺灣美

景不斷被書寫、被挖掘有關,臺灣的自然生態寫作,也在此中提供了許多能量。

　　作者以古橋為核心,分辨並羅列了「石板橋、紅橋、糯米橋、洗石子橋」四種不同類型的古橋,正可和幾年前風行的「古道熱」相聯繫。古道之旅,可觀察、可記錄,可感受、可體會處甚多,從自然風景的書寫,到生活環境的文化思考,眼中所見之景,自然萬物也都可以成為筆下的風景。教師可和學生分享個人自然行踏的經驗,從自己居處地區的自然圖景出發,補充相對應的人文思考,便是近同於本文的選材構思方式。

（三）相關主題文本的深入對讀

　　類似〈古橋之戀〉這種兼及自然與人文對話的文章很多,多數亦提供人們許多反省檢討的空間,隱含著文明所帶來的衝擊及拉扯;顯然,文明不斷進步,帶給人類的,不僅是「文」得以「明」而已,還有更多「文蔽」的遺憾,因追求文明而導致本質被遮蔽的現象,文明似乎帶來便利進步,但人們也因之遺落了清明的心!

　　相近觀點的討論,如;陳天枝〈松樹保鑣〉、陳玉峰〈玉山圓柏的故事〉,二文皆是透過自然生態書寫,思索生態改變的狀況。自然世界的變化或破壞,雖不一定來自人類侵擾,但透過這些現象變化,人類或可提供一定程度的保護,使大自然保持它的本來面貌。這兩篇文章,都是和環境保育有關的生態散文,同時也是作者實地觀察的踏查記錄,和本文有行文議題上的發凡作用。另外,綠蒂〈哀傷依然寂靜——重登阿里山觀日〉、席慕蓉〈綠繡眼〉則是關聯著自然與人文的討論,這兩首詩分別書寫了詩人所見與詩人所思,在詩人的慧心觀照下,阿里山和綠繡眼都成了詩人用以投射的對象,寫登山觀日,原

來是作者想要處理內心難以言明的哀傷；寫對綠繡眼的觀察，其實是寫詩人對情愛、對生活的夢想，透過同一主題的不同文類對讀，正可深化並加廣學生對「自然書寫」的認識。此外，甫獲得第五十屆金馬獎的記錄片〈看見臺灣〉，亦呈現出許多對大自然、生態環境的深度思索，透過導演齊柏林空拍的臺灣之美，呈現出對臺灣土地的關懷。講讀本課，以上相關詩文及影音媒材，均可提供範文講讀外的延伸閱讀。

三 「戀」是本文點睛之筆

劉克襄〈古橋之戀〉寫古道中的「古橋」，替古橋分類不是重點，重點在寫一名自然觀察者，對自然景觀、對古橋的迷醉愛戀，所以作家名題為「戀」，並以「戀」字為文眼，全文內容雖未刻意突顯「戀」字，但卻無一不是在寫作家之戀——戀上古橋、愛上古道的種種。用傳統的章法來解釋，用的是「暗合題文法」，這樣的行文表現方式，作者或許初不見意，但在安章設題時，必會仔細考慮如何有效地揭露全文，是以將「戀」字，視為是作者有意之為的用心，應是適切公允的。

作者在文中第三段提到，「有時走訪古道，最大之目的，竟也只是一睹這類古橋的形容。」因為「古橋沉穩地跨在溪流上，……攬盡了古道的精華」，可見，作者認為，古橋是他走訪古道的中心，而古橋最讓人心繫者，自然是它各式各樣的特殊造型，雖然這些古橋，都是經由人工設計、堆砌而成，但作者所關注的古橋，卻較可想見古人科技與創意的交輝，古橋之所以不同於現代感十足的鐵橋，讓人愛戀，其勝出處也在這裡。

　　當然，作為一篇人文地理的自然書寫，其中所必須介紹的相關人文地理、歷史知識，仍是不可免的，這也是這類文章最容易造成閱讀困難的地方。以本文來說，作者所羅列的四類古橋，便是全文的知識骨肉，而貫穿這些知識內蘊的，則是文學上的感性之思，透過作者娓娓道來的說明，讀者自然也體會到作者對古橋的眷戀。

　　末段看似套語，讀者卻也同時可以分判出自然文學和科學報導的不同。作者不說本文是一篇如何的創作，而將之歸於個人的隨興筆記，可見作家對古橋的愛好，是來自興趣和生活的，至於遊完古橋後，留下文字記錄，也僅是興之所至的抒感雜言而已，重點原不在文學。讀者讀完本文，慧心莞爾之際，自可明白，關於閱讀及寫作，有興趣愛好做為支持創作書寫的泉源，是多麼重要的了。文學也是生活，是一種生活態度，本文正提供了一份點醒。

出人意外

──「極短篇」的閱讀教學

　　《禮記・學記》上說：「大學之教也，時教必有正業，退居必有居學。……不學博依，不能安詩；不學雜服，不能安禮；不興其藝，不能樂學。故君子之於學也，藏焉、脩焉、息焉、游焉。」這段話說明了，在學習的過程中，學習雜服皮弁、六藝之屬，是助成樂學的要素；而一個樂學善學的君子，不論入學脩息正業，或退居閒暇之時，都會因博雅之教深浹於心，而有左右逢源之樂。此中，如何幫助學生學得博雅，時感進學之樂，是每一位執教者最關切的要務。

一　找回執教的初心

　　只不過，話雖如此，絕大多數在第一線執教的老師們，卻常感到無力、無奈，因為學生愈來愈不愛唸書、不想學習，能力也愈來愈不好了；而對老師們來說，隨著課綱改變調整，不僅需要備課的時間增長，面對多元化的命題測驗，更常常覺得時間不夠用、覺得很疲倦。於是，資淺沒經驗的老師們，依賴備課用書；而資深有經驗的老師，就依賴「經驗」。試想，做為一名教師，我們當年教書的熱情、初心都到哪兒去了？如果作為一個執教者，工作中只是感到辛勞、疲勞，我們怎麼可能把書教得更好？怎麼可能把國文教得有趣？亦或，我們怎麼可能從工作中，找到價值？

　　這些思考，看來似是任何一個職場的共同問題，然而，對教育文化工作者來說，「樂在工作」卻特別重要。因為只有樂在工作的人，才會時時思索工作的內容流程，才會「志願」、「主動」地想方設法讓自己進步！對一名老師來說，工作的職場沒有額外的金錢報償，許多時候，也不一定會獲得掌聲。最常獲得的，至多是學生們簡單的安慰，「自我感覺良好」的學思體會，教師如若不能因此而自我悅樂、自我滿足，那麼，教學生涯就真的只是一個機械式操作的工作，只有「工具性」意義，而沒有「價值」了。當然，也不是所有國文老師都是如此，許多時候，充滿創意、持恆付出的教師，也讓人感佩；認真想一想，又有什麼事情做了幾乎一輩子的時間，還能常保新鮮愉快的？那些熱愛教學、灌注大幅精神在課程、學生身上的教師，又怎不令人欽服！

　　問題出在，開放課程為一綱多本後，試題廣度增加了；高職逐漸轉型為綜合高中後，學生看似有更多的選擇機會，然而高中、高職的課程內容畢竟不同。隨著統測加考作文，九十九年高職新課綱上路後，測驗命題的模式更趨多元，甚或有向大學學測靠攏的傾向，換言之，不論就寫作或選擇題的命題來說，在深度、廣度上，都同步增加了。以國文科來說，每週上課的時間極其有限，如何兼顧學生興趣、能力，又能幫助他們通過大考門檻，遂成為執教者近年來更大的憂心。

二　從課程設計出發

　　為解決授課時數不足，且授課分量過重的問題，筆者以為，從課程設計本身出發，是最好的解決方式。國文教學，在本質上，包含語言、文學、文化等層次，教學內容則包括範文講讀、閱讀、寫作等

等；在每週僅有的四堂課中，操作這些不同的項次顯然不易。有趣的是，擔任國文課的老師們，常常也是學校的導師或兼任行政工作，或不免有壓縮上課時間之慮，此時課程的設計安排，就更顯得重要了。

筆者以為，國文教學理念的踐履、文化精神的傳承，課程內容是否滿足學生需求，無一不涉及課程本身、教學者、學生三方面的互動互構。只重視學生的具體表現，關切他們的學習成績，是僵化的思考；同樣的，只重視教學者是否符應學生期待，盼望課程要輕鬆活潑，則是媚俗的表現。如何打破師生、課程斷裂的迷思，結合理論與實務、價值與應用兩端，促成國文教學的理想，是筆者最重要的關注之一。

檢視整個國文教學的歷程，施教時的對象不同，本當有經有權、因材施教，且不獨教法如此，教材內容，亦復如此。以下筆者將針對總體課程設計，先做說明，其次再針對課外閱讀的單元揀擇，如何在原先規劃的授課篇目中，安插合適的文本，進行講讀及活動設計，以課程安排、教學歷程上的經權調整，讓學生感受國文課的魅力、吸引力，準此，則每一次的教學歷程都是一種更新，一種自我表現，其意義整體、理想性，便在師生的共同參與中，得以朗現。

要言之，國文教學的本質及內容範疇，可表列如下：

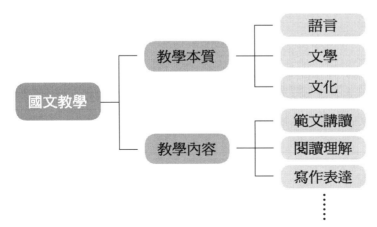

三 課程設計應經權相輔

　　筆者將所有課程內容，分為「核心單元」及「彈性單元」兩類。「核心單元」是「經」，也就是課本選文，亦即不論執教哪一版本，都必須以此共同選文為準，持恆、經常性地包含在總體課程中。其次是「彈性單元」，筆者將之名為課程設計中的「權」，這部分的課程，可依授課學生的不同屬性及教學時間鬆緊，加以調整，但雖名之為彈性課程，基本上仍是由核心範文而來的延伸及應用。

　　所謂「權」，是指權變、權宜。「權」的動機，原是出於「經」之縱向思考外的輔助，或不得不然。但從權、還必須守經，一切彈性單元的安排，仍是必須以助成核心單元的理解，完成國文教學的宗旨為依歸，此中，除內容篇章的選定外，舉凡教法和活動課程的施作等，都包含在內。

　　筆者以為，除了課程內容，可有經權的互補融通外，舉凡「閱讀理解」及「語文表達應用」，亦必須在範文講讀時同步進行。並且經常性地、持恆地施作在每一單元的範文中。對於課本範文之外的補充，則為「臨時性」的指導，此中，又可分為和課本範文直接有關的「延伸閱讀」和「課外閱讀」；如若屬於「延伸閱讀」的選文，則必須和課本選文相關，這部分的文章，多數出版社都在課本以外，另出版許多輔材，有些就直接以「延伸閱讀」或「課外補充文選」為書名，教師很容易就可以獲得相關材料。

　　對教師來說，比較麻煩的是，完全未和選文相關的課外補充，也就是廣泛的、沒有具體範圍的課外閱讀。筆者以為，執教者不必過分執意於此，因為不管教師是否運用了上課時間講授「補充單元」，此部分的課外補充，可透過「班級讀書會」、「社團活動」、「專題演講」

等方式，應機隨時補充，便可順利操作此部分的增強。

經權相輔的課程設計，另可圖示如下：

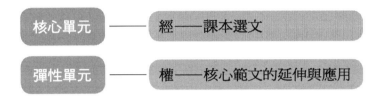

四　以「極短篇」的閱讀指導為例

筆者主張「文本講讀」和「閱讀寫作指導」需同步進行，如此不僅可節省課程操作的時間，對加強學生閱讀寫作，也更具體、直接有效。以「極短篇」單元為例，教師可將「極短篇」融入課本範文講讀，在「語體文」的「小說（極短篇）單元」中，作為「延伸單元」；或針對「極短篇」的設意特色，主張意在言外的「水平思考」，將之與「文言文」如《莊子》合讀，同樣作為「延伸單元」；放在課程中操作，可收相觀而善的閱讀樂趣。

「極短篇」，又稱「微型小說」，其形式特徵是篇幅較短、多在千字以內，且具出其不意、出人意表的設意內涵，故在實務的課程操作上，不需耗時冗長，卻容易引起學生興趣。學生在學習國文上的最大問題是，「自以為」看懂了文章，但其實沒看懂；「總以為」寫作文很困難，落入自我設限的迷思中，透過「極短篇」單元的講授，可進一步釐清這些糾擾。

（一）極短篇文本舉隅

　　茲舉愛亞〈回家〉為例，說明如下：

　　　　他在支票簿上寫下「二十元」的款數，瀟灑俐落地簽下他的英文名字，然後，他給友人寫信：

　　　　請你，請你買一頂手編的草帽，請你，請你買一張赴吾鄉的車票，然後，請你在車站轉角，那常穿褪色唐衫的阿伯處買一掛荔枝，我知曉，現在是荔枝時節。再然後，請你，不要乘車，戴著草帽步行過喧鬧骯髒泛著污水的露天小菜場，拐過賣滷味牛肉麵的老王的麵攤，到吾家，不必敲門，請喚聲：「阿朗伯仔！」那是吾爹，請將荔枝留下，陪他老人家飲一杯茶，再，請你轉到鄰舍，看有一年輕的婦人，粗陋，衣衫簡樸的婦人，她是吾初戀的愛人，看她是否仍有健康甜美的笑靨？是否又為她的丈夫增添了兒子？請你，請你為我做這些，寄上費用美金二十元。謝謝。

　　　　他將支票放入信封袋，以淚和吻舔封了袋口，黏貼了航空郵票，然後，再取筆，在支票記錄簿上記載：

　　　　六月十八日，回家車費及雜用，二十元正。

本文一如諸多極短篇一般，具有「出人意外」、「得其意中」之趣。先就文本本身的閱讀理解上說，本文內容係寫故事中的主人翁，寫信請託友人代他完成未完的罣礙。作者設計主人翁寫了一封信，要朋友替他「回家」，而不是自己親自「返家」，這就使看來平淡無奇的題目，讓人有了懸念。

　　全文共分三段，第一段寫主角開了一張廿元的支票，然後寫信。

第二段是信件內容，包括主角要友人代為返鄉探望父親、訪看初戀愛人、親炙故鄉土地、代為觀覽家鄉街景等。此處所用篇幅較多，信中所交代的，看似瑣碎，但卻是主角深深牽絆的「要務」，作者出以淡語，以生活化的口吻交代這一切。對故鄉街景的細膩描寫，則讓讀者更覺親切熟悉，彷彿「真的」看見了主角的故鄉、主角的父親、已為人母的前女友。

在這段文字中，作者還特別寫出主人父親平日喜歡「吃荔枝」、飲茶的習慣愛好；作者刻意將主人的父親命名為「阿朗伯仔」，立刻讓讀者想見是一個爽朗康健的老人家；至於初戀愛人，作者改以說明衣裝，說是「粗陋，衣衫簡樸」，從外表及年齡上看，約是一名傳統保守的「年輕的婦人」，故事中的主角對她猶甚關懷，所以關心她的目前生活，盼望她仍然笑容依舊。此處的點滴描寫，可說鉅細靡遺地表現出故事主角的難捨牽掛。

最後是末段，寫主角寫完信、放入支票，貼好郵票，最後記帳。故事至此戛然告終。本段內容正和首段相呼應，首段寫開支票、簽名，此處則再次重複，且指明這筆錢是「回家車費及雜用」。令讀者好奇的是，主角在六月十八日明明沒回家，而是要朋友替他回家，而且再三懇請拜託，文中九次提到「請你」，其殷殷叮嚀期盼歷歷可見。最後主角還以「淚和吻」舔封了信封袋，足見做這個決定十分困難，讀到此處，讀者遂更加懷疑，主角既然這麼想家，為何不自己回家呢？道理很簡單，就是沒辦法親自回家、回不去啊！為什麼回不去？可能因為太遠，沒法子「立刻」回家；但更有可能是，即將與自己的家、家人、故土永遠「告別」了。換言之，本文雖題為「回家」，但其實是寫了一封「類家書」；而這封看似具有請託性質的「類家書」，在相當程度上看，更有可能是一封「訣別信」；主人藉此信向友人告別、向家人、家鄉、過往告別。由文末「記帳」的舉動，可以看出主

人是個細心端謹的人，所以對他來說，故鄉的點滴片段都可如數家珍，於此更可對比出他欲向世界告別的痛苦決定；其次，信中所述不過尋常生活，代表主人所難捨牽掛的，正是這些自己再難親自照料到的日常生活，這讓讀者更容易想見，主角似即將無意於人間，即將和世界告別。

作者愛亞曾表示，她之所以創作本文，動機原是出於六〇年代間，許多赴美留學的學生，因經濟因素無法返鄉，從作者創作的初心來說，故事中的主角，倒沒有要向世界告別的意思。只是，「詩無達詁」，文亦同樣無達詁，站在二十一世紀的今日來看，視訊等 3C 產品，縮短了世界與人們的距離，是以，故事中的主角因距離遙遠，無法回家，故是一解，但還有沒有其他的可能？卻也同樣引人深思。

另外，從文學鑑賞的角度，或「哲學詮釋學」的立場來說，每一次的閱讀理解，都是「一種不同的理解」，也就夠了。如此解讀文本，文本的可載受量、容受力，將變得更寬廣可貴。文學的趣味在此，小小說的趣味，更是在此。

還要再說明的是，不論僅是主角單純地暫時無法返家，或是可能永遠不再返家，這篇「回家」終是提供了一個無限想像的空間，一個開放的結局，從內容設意、名篇方式來說，都能「出人意外」而「得其意中」，雖「無理」卻「合理」。

（二）〈回家〉教學活動設計

一般的「極短篇」因為篇幅短小，在文字章句解釋上大抵都不困難，學生多可自行閱讀，但在內容闡釋及分析上，學生反倒不一定能把握，講讀此類文本，不妨可於講述前，先設計一份趣味問答的學習單，讓學生提供自己的解讀看法。以本文為例，可製作以下學習單：

> **活動名稱：他，回家了嗎？**
>
> **活動程序：**
>
> 1. 將學生分為四組，分別擔任演戲組、文本組、評論組、後援團組等。
>
> 2. 演戲組將本文改成戲劇模式演出，並請文本組提供劇本。劇本臺詞可隨機添加，以不悖離原典為主。因為本文有近於獨白，故演戲組需特別注意「觀看視焦」及「場景轉換」，表演時尚應加上道具，俾便加強戲劇的逼真性。
>
> 3. 評論組根據以上的搬演發表優缺點評論，後援團則提供前三組任何支援，並在評論組發表戲劇評述之後，繼續說明對本文的理解與詮釋。
>
> 4. 教師最後發表總結性說明。除就學生表現給予鼓勵外，可於評述過後，進入文本講述，幫助學生真正讀懂文本。

（三）「以讀帶寫」的閱讀寫作策略

　　回到國文教學的本懷來說，透過課程內容的經權設計，從學生的興趣上加以引申啟發，便可幫助學生樂學。學習「博依」，是為了替「安詩」作準備；學習「雜服」的目的，是為了「安禮」；可見學習「技」、「藝」，目的都是為了實現「道」的理想。從這個角度上說，任何策略的應用，不過是一種「技」、「藝」，目的都是為了幫助實現根源的追求，就國文教學來說，這個「道」的體現，才是國文教學的宗旨所在。

　　從課程設計上看，筆者以為，一個理想的國文教學，必須讓教學者、學生、課程三者，共同參與對話，不應只是傳統主客二分的觀點，主張「教」、「課程設計」隸屬於教學者，「學習」、「應用」隸屬

於學生；或教學者、學生是主體，課程是客體，教學者在課堂中佔有主導權的面向；而應轉化為排除主客斷裂二分的思考，或者說，提供主客的融通或再結合，亦即對整個課程規劃、教學活動，教學者和學生都有重新參與建構的可能。換言之，課程設計必須作為我們再現的東西，才具有意義，課程安排雖需有一定程度的規範限制，但卻有無限變化的可能與自由。

以「極短篇」的課程設計為例，本文當是總體課程中的「權」，是「彈性單元」，可隨時增減補充，「權」雖具有補充增強的功能，但仍需同時完成閱讀與寫作指導，筆者以為，「以讀帶寫」的寫作策略，可說是任何一篇選文所可共同達到的理想。以〈回家〉為例，前幅的文本閱讀中，教師已具體析明了本文的方方面面，學生也就因之學會了作文中「觀察」、「描寫」的要素，學會了「出人意表」，求「新意」、「奇意」而不求「怪異」、「變異」的內容設計，在講讀文本的過程中，一起完成閱讀理解與寫作指導，才是具體可行且行之便利的方法。

五　理解・詮釋・應用的合一

當代「哲學詮釋學」最重視理解、詮釋與應用的統一過程。德國學者迦達默爾（Hans-Georg Gadamer, 1900-2002）在《真理與方法》一書中指出：「理解總是解釋，因而解釋是理解的表現形式」、「如果要正確地被理解，即按照文本所提出的要求被理解，那麼它一定要在任何時候，即在任何具體境況裡，以不同的方式重新被理解。理解在這裡總已經是一種應用。」在理解中總是有這樣的事情出現，即把要理解的文本應用於解釋者的目前境況，因此，理解、解釋文本的同時，也同時處於他所理解的文本當中。

　　由總體國文課程中的「核心單元」出發，以共同選文為「經」，另以「彈性單元」為「權」，從權變通、以權輔經，不僅具體回應了教學時數不足，解決了國文教學最根本的困境；就實際的教學現場來說，一個讓學生在學習過程中感到趣味、不論修習的當下或閒暇時，都能感受學習收穫的教學，才有可能是一個有效的教學；而引起學生主動學習的動機、興趣，更是執教者，首先考慮的要素之一，此中，回應自己所面對的日常生活、回應大考需求，當然是每一位教師、學生的共同關注。

　　「國文教學」在整個中學教育中，常處於「弱勢地位」，人們雖多認為寫一篇通暢的文章是重要的，欣賞文學作品似乎也有其需要，但卻普遍認為國文課無聊、無味，浪費時間；甚至認為單一課本選文，無益於大考、更無益於個人未來的專業發展，之所以造成這種長期以來的偏見，實在是因為執教者天天忙著回應該如何「教」作文、指導閱讀，再不然便是一味側重於努力填鴨，忽略了課程設計本身便需包含以上層面之故。筆者提出，以「經權相輔」、「經權融通」的課程設計，兼重寫作表達及閱讀理解的不同側面，便是試圖導正長期以來對國文教學及課程設計的忽略之故。

　　閱讀，是一種對話；理解，是一種溝通；悅讀，更是與生命趣味的真誠貼近；能正確地閱讀理解，便能累積大量的「閱讀資料庫」，從事寫作時，便能有更多的材料，自可沛然莫之能禦、下筆不能自休。環扣著極短篇來說，這類文本別有其特殊的趣味，用學生的時髦語言來說，一篇理想的極短篇，必定都是「很有梗」的，透過閱讀這類作品，協助學生認識理解文章起伏跌宕的波瀾，當然直接有助於寫作能力的提升，純就文學欣賞的角度來說，「有梗」也就容易感到趣味，讀得不排斥、有滋味後，將其引進文學的堂奧，或許也就相對容易了吧。

傳統文化的關懷
──洪醒夫〈散戲〉教學示例

一　前言

　　洪醒夫〈散戲〉一文，是臺灣當代本土作品的代表之一。雖就高職國文選文來說，本文為九十九年各版新選入者，事實上，本文作為高中課本範文已有多年時間，歷來均廣受師生好評，究其原因，除了是作家作品本身獨特的吸引力外；更重要的關鍵是，本文所包含的主題意識，可在多元時代中，為多視角闡發的緣故。

　　國文科在總體學科中，長年來均處於弱勢地位，從學生的角度來說，學生總認為國文最容易讀，但卻拿不到高分；從教師的角度來說，教師挖空心思提高國文課的「收聽率」，其目的只是盼望學生拿高分，能多喜歡「國文」一點。其實，學生是否考高分和是否喜歡國文，基本上是兩回事，此間複雜的因素，自然非三言兩語可以道盡，但不論如何，若能從事自己喜歡的項目，成功的機會總是大些的；故「提升學生興趣，養成閱讀習慣，致力課程活化設計」，便很自然地成為當今國文教師與學生們難能的共識。問題就出在，舉凡從事「教學活動」設計，則不免壓縮到正式的上課時間；即使提升了學生的學習興趣，學生應試測驗的成績也仍是不理想；甚至，教師苦心安排了教學活動，甚至也得不到學生或同儕間的支持回響，這些現實上的瓶頸，不免都是導致國文教學更形弱勢的關鍵所在。

　　想想看，如果生命不是每日邁向進步成功，而是「衰老」；如果

與日俱增所開啟的不是「智慧」，而是「固著」；那是一件多麼可怕的事啊！如果電腦已經從桌上型、小筆電轉為平板電腦、虛擬網路，作為執教者的我們，又有甚麼權力可以不更新我們的「配備」？此間的「配備」，自然包括對教材本身的深度理解，及對教法的創新設計在內；而更新配備的責任，顯然來自課堂、課程，而不僅止於執教者個人！因為關於文本的「理解、詮釋與應用」總必須是回應當代的，如果任何人想要真正的理解，那麼他就必須是一個開放的人，每一次理解詮釋的過程，同時也是一種應用，在閱讀理解的過程中，追求真理、開顯自己，這才是讀書學問之功，也是課程教材可幫助完成者。

正是基於以上「理解、詮釋、應用合一」的概念，教師在課堂上，正可從事以下以「教師為主導、學生為主體、設計為主軸」的教學方案。

二　以教師為主導

教師在學期初，即須就全冊內容預作規劃，在講授每一單元前，必須先思索欲透過本單元呈現何種「核心概念」，在一學期的十多課中，所講授的專題核心概念，僅能包含三、四個，此間，課本的範文講讀，不過是為了幫助闡明此一「核心概念」，故雖然每一課範文，可資開啟的講讀方向很多，但因上課時間有限，教師僅需在自己設定的核心規範中，詳加闡發即可，此一詮釋，顯然也是應用的、生活的。

以〈散戲〉為例，一般課程多收入第二冊中，此時，學生已熟悉高中生活，但主動學習的能力及意願均低，故培養學生自學能力，特別是「觀察」事物的角度，尤為重要。以龍騰版高職國文第二冊來說，全冊共有五個單元的語體文，恰好可以幫助學生達到並完成「觀察」

各面向的預期目標。進一步分析，〈第二十一頁〉可為人性觀察，〈鯨生鯨世選〉則是觀察海洋生物；〈散戲〉是文化觀察的選文，〈詠物篇〉則可觀察自然植物；最後並以〈現代詩選——秋天〉，觀察四時之變；透過不斷培養並擴充觀察的視野，培養學生的閱讀理解能力。

要再說明的是，教師或恐擔心自己所設想的「核心概念」是否足以涵蓋國文教學本身？是否足堪符應於大考需求？關於此，當然和教師個人的專業素養有關，不過，國文教學的目標重點，課綱中早有明定，教師可自行搜尋該學程的課綱目標，在總體課程標準下展開思考；或者，其實不妨「信賴」坊間的教科書，各版本既已送審通過，所選定的範文，必定符合課綱要求。教師僅需自行檢視，本學期所設定的「核心概念」，是否足堪扣合課程，如若足夠，其他的擔心，自是多餘的。當然，執教者在各項可能情況下，加深加廣個人的專業能力，當然可以幫助自己做出有效的專業判斷，此亦不得不再加提醒。

三　以學生為主體

教師先建構自己本階段的教學目標後，方可進行此一「以學生為主體」的課程設計。所謂以學生為主體，是打破過去「上行下效」的傳統式教學，在教材教法的揀擇方向上，邀請學生參與、對話、溝通，課本教材雖是固定的，但闡釋方向卻是開放的；正因詮釋有其範圍，而沒有定點，故可以有各種可能。

必須再說明的是，同一篇範文，放在不同階段、不同學程中講授，因其所面對的學生對象不同，亦必須有「知幾變通」的講讀方式，因為教學本當「有經有權」，在教學宗旨或目標把握上，雖應「守其常」；但在教法設計上，則應「法其變」；因應學生需要，以學生為主

體展開課程。當然,教學也不是只講學生喜歡的東西,一味討好學生,但卻需要先使學生「不排斥」課程。強化課程本身和現實生活的聯繫,然後言其價值理想,是可行的方式之一,否則一個陳義過高的教學,不僅是掛空無效的教學;亦容易流於小眾甚至教師個人的「感覺良好」而已;既不容易引起共鳴,當然也不易落實國文教學的理想。

教師從事以學生為主體的教學活動時,可於開學初始,先與學生溝通對談,說明本學期所欲展開的活動。同樣以本課為例,教師既已設定本學期以培養學生「自學」、「觀察」能力為主,故所安排的教學活動,亦應環扣於此。本課所談論的重點之一是「歌仔戲的沒落」,教師便可和學生討論關於臺灣文化產業的沒落,或振興如何可能等問題,請學生做相關的研究報導。教師再根據學生所提出的構想,繼續發展教學活動。學生為了完成「文化觀察」,必須分組搜尋,討論分享所思所得,如此也提高了主動學習的能力。

特別要再強調的是,教師和學生共同從事教學設計,參與課程活化的同時,教師需加強說明課本範文和現實生活的聯繫,不論文言文或語體文,究其內涵,均有裨益現實人生之處,此一方面不僅可幫助提升範文教學的效益,破除學生以為國文不如專業課程、讀國文沒用的迷思,亦可進一步開啟學生對文本理解的不同思索,提高文學欣賞與品鑑力。

四　以設計為主軸

以本課為例,講讀本課前,教師可先實施文章導讀,再從事教學活動。

（一）文章導讀

本文節選自小說〈散戲〉的最後一部分，首句「戲就這樣散了」，已預示了全文結局。全文從阿旺嫂賴戲說起，作者以阿旺嫂對比故事主角秀潔，寫出兩種面對歌仔戲的態度：前者迫於現實，委頓無奈；後者堅持理想，矢志從容。

歌仔戲團名為「玉山」，團長名為「金發伯」，女角名字「秀潔」、「阿旺嫂」，都有象徵意味。玉山是臺灣第一高峰，也是臺灣精神的象徵，戲團可解散，但臺灣精神不死，此其一也；其次，團長名為金發、金發伯的媳婦名為阿旺嫂，雖是當時鄉土人物的「菜市場名」，然其設意鮮明，因為寄託於俗世生活的富旺穩適，是小人物的最大渴望，雖很通俗，也很具體真實；對比於秀潔，以象徵高潔秀美的理想性符號為喻，小說家透過命名，頗可得見當時的文化特色，也暗示個人對傳統文化殞落的嘆息。

作為小說要素的人物、對話，更是本文的重要特色之一，小說家刻意將閩南語注入人物對話中，以突顯對話雙方的口吻語氣，鄉土人物的草根特質，由此可見一斑。阿旺嫂是金發伯的媳婦，對她賴戲一事，文中的金發伯全未置一詞，反而由具有劇團傳人特徵的秀潔出面指責，此亦是小說家的特意作為。金發伯是團長也是秀潔的公公，不論在身分或情感上，均有其兩難，他當然不會沒有想法，只是不能表達或難以表達，小說家最後安排他在天色昏暗中，勉勵眾人好好演最後一場戲，他抽著菸、假意朗笑安慰秀潔，便是最好的說明。至於，向來溫順乖巧的秀潔，當然也不是全無內心糾結的，她為了堅持理念，迫於現實之需，也曾演過「蜘蛛美人」，苦惱於是否遵從父母之命，找個人嫁了就好？在戲臺沒落時，秀潔猶然堅持完善演出，選擇維護她職業角色和人格的尊嚴，小說家雖然不得不以歌仔戲沒落為終

局，但於傳統文化必然隨時代變化而轉型，卻也有一定程度的同情理解。

　　全文以第三人稱的敘述觀點展開，作者看似客觀敘事，其實溫柔敦厚的人生哲學及對鄉人的溫暖關懷，均已流洩其間。因為演出〈鍘美案〉或許可以逃、可以賴，但演出〈十二道金牌〉卻不應該逃、不可以逃，作者以演出岳飛忠義精神的劇目為玉山劇團的告別演出，亦有暗示堅持理想的精神不死之意。故事末尾，作者雖未寫明這場演出「精忠岳飛」的戲是否高朋滿座，演出成功，但讀者卻也願意「選擇相信」演出成功，選擇寬容與理解，因為這一群面對殘酷現實，不得不屈於生活的小人物，顯然不只是小說中的歌仔戲演員而已，同時也是真實生活中的你、我、他，面對生命中難以去取的選擇，雖有萬般難以割捨的無奈，但「活著」，便是最大的希望，只要真心不死，理想便可以用不同的形式，**繼續延長、繼續活下去**！

（二）教學活動設計

　　概述本文特色後，教師可再針對本單元所欲傳達的教學核心概念，另行安排以下教學活動：

A　活動一

活動名稱：百年風華——臺灣本土文化巡禮

活動說明：民國已逾百年，當今的臺灣，不論在政治、文化、經濟上，均已可和歐美等進步國家匹敵，隨著時代改變，許多臺灣本土的技藝或文化特色，卻也在西化過程中，逐漸退隱，講讀本課，正可藉此為這些即將「失傳的文化」，賦予新的記錄，保留或重塑其生命活力。

進行程序

1. 先將全班同學分組，請學生各自選擇一個即將沒落或已沒落的產業，分組說明其特色，及其文化意義或影響。

2. 教師分定組別時，務使各組主題內容不重複，並可交代學生，除了以「紙本」方式外，可多採用其他表現方式，呈現此專題製作成果。

3. 學生分組報告以五到十分鐘為限，可以用Line、Facebook、微博或Youtube 等網路工具進行訪談串聯，上傳採訪記錄，再另製成影音或ppt檔。

4. 專題內容可包括油傘製造業、傳統糕餅業、皮偶戲、布袋戲、紙紮金紙業、毛筆製造業等，不一而足，由該產業的變革，窺見時代改變帶給他們的挑戰或新生。

5. 學生正式報告時，需另外標示專題名稱，如：「不只是喜餅——談傳統糕餅的創新與改良」、「布袋戲的新生——素還真與Cosplay」、「阿嬤的花布——客家花布花樣紅」、「有機茶農的快樂人生——茶葉販售的新通路」、「毛筆與毛刷——筆業與化妝刷的交融」。評分時，請全班同學共同參與票選，選出最優的數組。

6. 本活動可培養學生觀察文化生活的變動，當時代改變、生活型態改變，產業亦必隨之變動，此是產業的危機也是轉機；學生對該項產業的深度探索，同時正開啟了他們的文化視野，亦充擴其搜尋資料及辨知能力。

B 活動二

活動名稱：文化評論——我對○○的看法

活動說明：臺灣雖然科技進步發達，但也充斥著許多特殊的文化現象，比如：臺人最好一窩蜂，一窩蜂吃蛋塔，一窩蜂迷戀Hello Kitty。又比如：多元多音的媒體特質，讓上至知識

菁英，下至販夫走卒，人人都可發表一套政治見解，可以
向電視台提供針砭意見；講讀本課前，亦可請學生針對當
今臺灣的特殊文化現象，提出個人看法，發表一篇文化短
評。

進行程序

1. 此作業需全班繳交，每人均需依教師前項說明的寫作規範，寫一篇
   文化評論。
2. 經教師評閱後，教師可歸納幾種學生的不同意見，說明總評意見。
   既為評論文字，首先須說明客觀事實，再提出個人的解決方案，方
   能使此一評述，不流於無意義的謾罵批評而已。
3. 本活動可訓練學生的觀察與寫作能力，直接裨益大考所需。
4. 相關的文化觀察文章，另可參龍騰版《搶救閱讀理解——現代文篇》
   「文化觀察」單元。

（三）本課延伸閱讀

讀完本課，可另介紹相近主題的文章，提供延伸閱讀及思考。另
舉例如下：

＊沈芯菱學習心法——介紹沈芯菱幫助鄉人農業轉型的成功事例，提
   供個人的網路學習經驗，《親子天下》，2011.03。
＊許達然〈亭仔腳〉、逯耀東〈灶腳〉——可得見臺灣早期生活面貌。
＊阿盛〈火車與稻田〉——寫農村被迫轉型的過程。
＊洪醒夫、黃春明小說選讀——鄉土小說文本選讀。

現代詩的風景
——林亨泰〈風景No.1〉閱讀教學

一　前言

　　林亨泰是臺灣詩壇上極具代表性的詩人之一，他的作品，不論從形式或內容表現上說，都十分豐富，〈風景 No.1〉是他圖像詩的圓熟之作，頗可表現詩人在形式及內容上的具體關懷。教師在講授本課時，除可補充臺灣現當代詩壇的作家作品外，於現代詩的形式表現，亦可作不同面向的補充。

　　以下將以本詩為例，分享現代詩閱讀教學可茲採取的步驟與方式。

二　以詩藝和詩意顯發詩趣

　　〈風景 No.1〉是林亨泰脫離了「現代派」時期，前衛、實驗的「符號詩」階段，將具體現實的經驗感受，透過語言造型，表現為具有現代主義精神的嶄新作品之一。故相當程度來講，它雖是一首「圖像詩」，但顯然，卻也不止是一首「圖像詩」而已。

　　「圖像詩」，顧名思義包括「圖」與「像」兩個層次，此中，作為圖像的形式表現，是藉由文字來傳達的；復次，總體圖像的呈現，又是為了「意義」而服務，故在講讀時，必須由「圖像（語素符號）

→詩的意義內容→傳達詩旨→表達詩思」層層遞進，方能幫助學生理解。

　　詩人透過語素符號的排列組合，形成圖像，講求形式上的形象視覺藝術表現，並利用此一特殊的排列形式呈現意義，詩意的傳達，當然是詩人所欲關切的重點，但又不是唯一的重點，詩人不把詩意直接「說白了」，他用形式來包裝，形成傳達者和接受者的雙向互動，閱讀者不只需要理解語言文字的內容意義，更需思索或猜想總體形式的視覺圖像。詩人經由詩藝與詩意的高度融通，提高了詩趣，這是圖像詩文本對比於其他非圖像作品，最重要的詩趣特徵之一。教師或可採取以下兩方面，進行閱讀教學。

（一）引導學生觀察詩的圖像

　　以〈風景 No.1〉為例，全詩共分二節，如下：

農作物　　的
旁邊　　還有
農作物　　的
旁邊　　還有
農作物　　的
旁邊　　還有

陽光陽光晒長了耳朵
陽光陽光晒長了脖子

詩人運用形式，描繪出臺灣農村的真實樣貌，是一幅農村生活的自然

風景。詩的前半部,可視為是農作物的整齊排列,詩人以每行不同位置的空白間隔,形成「之」字形的排列順序;每行留白處的「之」字,便可看作是田間的阡陌。農作物在本節中,以同一意象重複排列,也造成了景深的空間延長;這是田間的「風景」,也是詩人成長所在的地理環境書寫。

第二節「陽光陽光晒長了耳朵/陽光陽光晒長了脖子」,乍讀之下,僅有文字上「耳朵」、「脖子」之異,事實上「晒長了」,才是講讀重點所在。四次使用「陽光」,可見日照強烈,的確「晒長了」;陽光照射由耳朵而脖子,則指出時間的推移流動,光線停留在脖子的位置,也代表接下來還需有一段時間,繼續「晒長」下去。

詩的前半寫空間,後半寫時間,詩人所看見的「風景 No.1」,便是一幅純粹的自然寫真,一幅農村圖,上頭種滿了農作物,有田間小路、陽光,還有耕作者(或觀看者)。其次,每二行不斷重複「農作物的旁邊還有農作物」,則補強了一般圖像詩所缺乏的韻律感,使文字的形象性功能和音樂性功能,經過調融後,仍然回歸其意義主體,此亦無疑是詩人深入思考後的積極作為。

林亨泰住在彰化,沿著西部海岸線行進,可以看見一幕幕農作物構成的風景,他將所見的景象,運用語言造型技巧,如實的表現出來,親切自然又充滿趣味巧思,此由他的〈風景 No.2〉寫防風林,亦可一併得見。

(二)輔助他篇詩文加強理解

解讀任何一首現代詩,皆可從「詩藝(形式設計)、詩思(內容分析)、詩趣(總體表現)」三個層次上進行分析。圖像式閱讀,雖並不一定適用所有文本,但加上圖像式的觀察解說,卻直接有助於詩意

的探究。另以周夢蝶〈天窗〉進一步說明如下：

> 戒了一冬一春的酒的陽光
> 偷偷地從屋頂上窺下來
> 　　只一眼！就觸嗅到
> 掛在石壁上那尊芳香四溢的空杯。
>
> 同時，有笑聲自石壁深深處軟軟伸出
> 伸向那強橫的三條力線
> 　　那雄踞放太極圖上的「☰」
> 而且，軟軟地把後者攪彎了。

出自《還魂草》

全詩共分兩節，每一節在第三句上方均空下一格，從形式上看，空下的一格，正代表天窗，頗有「圖象式」的趣味，可和詩題相呼應；從內容上說，詩人首句先寫陽光從屋頂上窺下眼，末二句中，又以太極圖中「☰」（乾卦），為乾、天、陽剛的指涉，暗指人們經過如酒之陽的醺炙，把「男性的剛強」（乾卦）也給軟化了。天窗是透出光亮的通孔，一冬一春的等待，至此之時，終於透見天光，詩人以哲理化的詩語，表現他冷靜的欣喜，攪彎後的乾卦符號，應該也會變成彎彎的微笑吧。

　　凡此，皆是圖像式觀察幫助閱讀理解的應用，只不過，純以文字符號圖式作為一首詩的形式建構，若不能幫助詩思、詩趣的展開與提升，很容易就會讓作品淪為符號遊戲，此不可不察。

三 練習及應用

（一）真的讀懂了嗎？

　　以下是林亨泰〈車禍〉一詩，請學生仔細閱讀後，分就形式、內容二方面，說明此詩的意義，文限一百字以內。

　　來車

　　了‧

　　　　車

　　　　‧

　　　　　車

　　　　　‧

節選自林亨泰〈車禍〉

解析

　　詩人將「車」字由小漸大排列，正表示車子由遠而近疾駛，人站在定點，感受到車子不斷急速逼近，時間、空間帶來的瞬間壓迫，讓人感覺「速度感」被具體化了，一場車禍即將發生，正可和詩題相呼應。

（二）試著完成一首詩

　　做為圖像詩，文字是一種「語素」，創作時雖可利用文字的「變形」，呈現語句敘述及語意的完整，卻不可因之忽略了整首詩的意義表達；換言之，圖像只是過程、手段，重點仍是詩旨、詩思。

　　讀完本單元，可以請學生運用圖像詩特質，自由創作現代詩。

說明

　　教師可參考前項「圖像（語素符號）→詩的意義內容→傳達詩旨→表達詩思」，指導學生應用「圖像式」觀察，及「詩藝、詩思、詩趣」兼融的表達方式，完成一首具備圖像特質的作品。

生活經典・經典生活
──《論語》、《孟子》教學

一　前言──從高中國文課綱說起

　　高中國文課程綱要，自九五暫綱起，將「中國文化基本教材」科目，修定為「論孟選讀」；民國九十八年調整選修課程，除了繼續維持「論孟選讀」為選修科目外，另增設「國學概要」一門。換言之，高中國文課綱中，教育部所欲設立的五門選修科目：「論孟選讀」、「國學概要」、「語文表達與應用」、「小說選讀」、「區域文學」，可說在相當程度上，回應了第一線執教老師的核心關懷。

　　就現實層面來說，「國學概要」是許多國文老師普遍較熟悉的，因為早在民國八十年的高中國文課程中，已設有國學概要課，當時尚未實施週休二日制，「國概」是社會組學生的必選課程，顯然，時至今日，時空雖有變異，但對比於九五暫綱中的「語文表達與應用」、「小說選讀」、「區域文學」來說，老師們因熟悉舊有課程，準備教材亦較容易。其次，從八十八課綱以來，高中國文課本係依文學史發展的時代脈絡編寫，高一、二分別是唐、宋、明、清文學，高三則是先秦、兩漢文學；而九五暫綱回歸舊法，更定編寫方式為不限時代、僅以文本難易度為定，換言之，自九五暫綱以後，學生對文學史的認識理解，必須全賴教師課外補充，既無法由「國學概要」科目中補足，

亦無法由國文課本的隱線中得見；教師上課時間有限而需補充補強處太多，自然讓執教者十分困擾。

當然，教育部諸公也舉辦了公聽會，說明課綱改變及設定四門選修科目的原因，不過課綱既已頒布，不論執教老師的意見如何，都是蛇足，不能再改變什麼。其實，檢視九五課程以來的大考試題，不論推甄或指考，國文考科中已明顯少了國概考題，甚至再全無傳統記憶式的國學測驗，命題內容的轉向，正是對課程、課本編寫方式的回應，只不過，國文老師仍然很擔心，一個缺乏基本國學認識的國文課程，會不會只剩下片段的單篇文章、單一的作者，讓每一篇課本選文，只是「斷裂地」各自存在？學生所認識的，是失去了時代、失去歷史的「語文」？國文教學中的文學內蘊與文化觀照，是不是再也不可能被實踐？這些教師的憂心，或許因其所欲承擔的太多而呈礙太甚，但卻也不能武斷地批評說全無道理。

然而，將原本的「中國文化基本教材」改成「論孟選讀」，卻沒有這樣的困擾。《大學》、《中庸》原本篇幅就短，加以原本被編在高三講授，歷來考題比率較低，教師不論在實際教學、或個人準備課程，所留用的時間原本也少；《學》、《庸》內涵精深，也不容易教好講好。只是課綱改變了，授課時數改變了，「論孟選讀」雖被「建議」放在高一或高二講授，每週一到二小時，但因為只是「建議」，故不論安排在哪一年段實施，甚至授課時數、講授內容多寡等，各校的安排都很有「彈性」、也很「多元」。

二　面向生活世界的開啟

以筆者所任教的高中來說，本校有將之安排在高一選修課程中，

以一年時間每週授課一小時；及安排在高一和高二選修課程中，以二年時間每週授課一小時兩種情況。後者，原是為了補救運用一年時間教學，受限於時程，選文恐無法全數講完，及文本講授內容不夠深入、學生於文本的熟悉度不足而做的調整。然而，實際操作二屆學生下來，選文雖可全數講完，但學生於文本的熟悉度，仍是不足的，教師不僅惶惶於《論語》、《孟子》文本的理解與詮釋，學生又難免於認為講授這些課程無趣、無聊。

怎麼說呢？《論語》、《孟子》作為傳統的經典，有其長久以來的歷史文化成因，此中雖經過歷代注家有不同的經注經解，然究其實，詮釋者所關注的，往往不只是孔子、孟子怎麼說而已，而是透過經典詮釋、注經解經，提出回應時代的看法。職是之故，講述經典的核心關懷之一，首先是必須和時代問題相扣合。其次，今日的「哲學詮釋學」，最重視「理解、解釋、與應用」的合一，移用到課程本身、教學者、學生三方面的互動互構來說，只重視學生的具體表現，關切他們的學習效果，是僵化的思考；同樣的，只重視教學者是否符應學生期待，盼望課程要輕鬆活潑，則是媚俗的迷思。

筆者以下的論述及課程設計，即是站在以上的觀點來說的。筆者同時借用德國詮釋學家伽達默爾（Hans-Georg Gadamer, 1900-2002）「哲學詮釋學」的「應用」概念，以為論述基點展開說明。此中的「應用」，不是「實用」或「利用」，而是說理解解釋文本，總是為了回應當代，與當代溝通對話。筆者以為教學者、學生，在面對課程、理解解釋文本的同時，其實也同時從事了應用層次，課程總是必須由師生共同參與的；同時，因理解應用是一體的循環，故若從「應用」概念出發，課程設計亦必須包含當代意識。教學過程中雖應重視如何教、如何學；但在課程安排，師生互動的過程中，同時也能因師生對課程、對文本的提問，展開對話、溝通，達到「視域融合」的可能。

　　伽達默爾以為，在理解中，絕不可能有這樣兩個互不發生關係的獨立視域，一個是進行理解的人自己生存於其中的視域，另一個是他把自己置身於其中的過去歷史視域，他把這種和傳承物周旋或打交道的結果說成是「視域融合」（Horizontverschmelzung／fusion of horizons）。通過「視域融合」，文本和我得到某種共同的視域，同時我在文本的它在性中認識了文本。筆者藉此以言師生解釋理解文本、課程，基本上說，是一種師生彼此、師生與課程、師生與文本、生活世界的溝通與對話，而此一對話有視域融合、落實於生活世界的可能。

　　以《論》、《孟》教學為例，若從「應用」的概念出發，則可以發現，課程內容淺深、講述時間、活動設計，可因應不同的年段對象、不同資材的學生有所調整，從事課程活動，並不會因此而導致壓縮講授時間或學生應試成績，反而可直接提高學習興趣；而一個經過調整設計的《論》、《孟》教學，不但能使師生經由教學現場的對話、參與歷程，讓學生感受論孟課程的魅力、吸引力，使每一次的教學歷程都是一種更新，一種自我表現；其教學意義的整體理想性，亦在師生的共同參與中得以朗現。

三　以教師為主導，「主題式」的課程核心

（一）傳統經典的現代詮釋

　　坊間所出版的「中華文化基本教材」課本，不論所選錄的範圍多寡，舉凡《論語》、《孟子》的冊次，均分別依其內容分有許多項目，以《論語》來說：便有如：「論仁」、論「孔門弟子」、論「士、君子」等等，這些單元便可視為是課程的「主題」核心，講述這些單元時，

必須和現代生活相扣合，一方面需回歸經典說明夫子之意，另方面也需有現代意義的揭露，避免學生誤認為「讀古書」沒用的錯謬。

1 《論語》篇

以《論語・為政》「溫故知新」章為例，全文原作：

> 子曰：「溫故而知新，可以為師矣。」

傳統的討論，多偏重前句，講「溫故知新」的歷程、定義，對於學業，不只要做到「溫故」，還要在心中預留一個空間，以便能「知新」。在反覆「溫故」的過程中，不斷產生新的把握和體會，「溫故」的目的既是為了「返本開新」，當「知新」時，又重複以過去學習的經驗相對證，「溫故以知新」、「知新而溫故」，循環不已，如此才不會一味背誦記憶、死記死讀，也才能真正體會知識學問的內涵。

事實上，這樣的說解只說對了一半，並不充盡飽滿。本則所論，除依前句所釋，可看作夫子對知識起源、形成方式的看法外，更可以視為夫子對教師訓練養成的過程說明。夫子告訴人們，一名老師，不過就是一個「溫故知新」的人；做為一名老師，必然要對知識有豐富的渴望。在中國古代社會，老師的地位崇高，為「師」不易，孔子不僅首開平民教育之先，同時也啟示人們，只要時時保持對學問源頭活水的熱愛，人人都可以做老師。

2 《孟子》篇

再以《孟子・盡心上》「君子有三樂」章為例，全文原作：

> 孟子曰：「君子有三樂，而王天下不與存焉。父母俱存，兄弟

　　無故，一樂也；仰不愧於天，俯不怍於人，二樂也；得天下英

才而教育之，三樂也。君子有三樂，而王天下不與存焉。」

　　本章坊間各版本皆收錄於「論君子」單元，全章所說，為孟子言「君子之三樂」。在本章中，孟子開宗明義先強調「君子有三樂，而王天下不與存焉」。值得考察的是，孟子為何不直接先說明「君子三樂」的內容，卻反過來先說「王天下不與存焉」？復次，「王天下」是儒家政治的最高理想，但孟子卻不把「王天下」列屬於君子之樂的範圍，難道儒家的「仁政」主張，和孟子所說的「君子之樂」相違背？

　　因此講讀本章，必須環扣著以上的提問展開，先回答以上的提問，然後再進入文本講讀。孟子主張，君子的終極關懷，最後繫於人倫之常上，所以他在本章中，再再強調「王天下」不必是君子之樂。他一方面於各國遊說仁政，勸國君要「施仁行義」以「王天下」，但也同時認為，人生理想的完成，不在現實的「業績」、「事功」，而在追求一種精神人格上的圓滿完成。政治上的稱王，只是表現了外王事功的一部分而已，「道德實踐」才是君子所需終身致力之處，所以他說「王天下」不在三樂之中。

　　孟子先是總括式地指明了這一點，然後進一步析明「三樂」的內容。

　　「父母俱存，兄弟無故」的親情天倫之樂，是每個人都希望得到的，故列為首位；「仰不愧於天，俯不怍於人」，則是操之在己的人生修養，君子「居仁由義」，才能俯仰無愧；「得天下英才而教育之」，一方面能為社會培育有用的人才，一方面也能在教學的過程中，得到「相長」之樂，這是文化生命的傳承之樂。孟子最後又回過頭說，「王天下」不在君子三樂之中，這種說法，並非和「仁政」主張相違背，而是因為儒家強調以親情倫理統攝一切價值，政治上的稱王，只是表

現了外王事功的一部分而已，非為君子生命的圓滿完成。

儒家強調道德人格的典型，以「君子」、「大人」為最高理想，一個「大德」的君子，生命中真正的悅樂，不是政治場域的競逐角力，而是家庭人倫的悅樂滿足。「父母俱存，兄弟無故」，是一種親情血緣的人間至樂。其次，君子參與在生活世界中，「與天地合其德，與日月合其明」，「仰不愧於天，俯不怍於人」，故以天地、人己、物我的感通無愧為樂；如此的君子，還重視文化生命的傳承延續，「得天下英才而教育之」，以文化場域的調融、永續為樂。故「君子三樂」所揭櫫的，實為君子內在生命的追求，自然不必包括「王天下」這種寄託在外的政治考量。

以上是關於《孟子》原典的分析，本章還同時出現在「指定考科」的非選題中，考「意義闡釋」，如果教師能先針對本章內容深入說解，學生答題時自然較容易把握。

把孟子本章放在現代社會來說，儒家主張賢人政治、強調以家庭倫理為核心之樂的看法，仍然有其意義。許多政治人物，卸下官銜、位置之後，常汲汲於下一個位置；一般百姓雖批評政客、官員戀棧，但於自己的內聖修養，卻仍多有未足；社會上發生的倫理悲劇，究其根源，多亦係家庭功能失調所致，凡此，皆是親情血緣、俯仰無愧之樂未能被充分闡發之故，孟子在本章的看法，不啻是一劑提醒之藥。

扣合著前面一條「溫故知新」章來說，隨著時代進步，今天的社會，教師的養成教育已然開放，除了師範院校外，許多大學都已開辦各自的教育學程，大學變多、人們接受高等教育的機會增加，但人們對知識的渴望或「反思」，卻不一定隨之增加，人們往往迷失在一堆資訊垃圾中，只看自己看得懂的書，擁有許多時髦的電子書、平板電腦，並以此為傲，以為獲得了「新知」，其實只是活在「知識碎片」當中，徒然自我感覺良好而已，因為這些「知識」的汰換率太高，產

值太低，無法完善生活，當然也不容易帶來價值。揭櫫經典的現代意義，幫助學生認識經典與生活的關係，不僅是講讀文本時很重要的關懷，如此的講述方式，亦可直接讓學生體會「經典不離生活」、「經典即是生活」的一面。

（二）回應《論語》、《孟子》課本的編寫主題

以一○○課綱，民國一○一年發行實施的南一版「中華文化基本教材——論孟卷」來說，為解決各家版本說法分類分歧的問題，初始在編寫教本時，便已羅列若干教學主題，以方便執教時的「主題式」課程設計。《論語》分為「論教育」、「論修身」、「論政治經濟」、「自述與論人」四大主題單元；《孟子》分為「論義利之別」、「論心性修養」、「論教育」、「論政治經濟」等四個主題。每一主題首先有針對該主題的概括式說明，最後則有關於收錄文本的現代反省與問題討論；同時，為方便教師說解及學生自學，每則文本皆包括「啟示」、「生活應用」及「名言佳句」單元，強化說明該則語錄與現代生活相應之處；另外，在教師手冊部分，則包括對該則語錄的「賞析」，然有別於坊間純粹「欣賞式」的抒感，南一版則兼重「鑑賞」與「分析」兩面，特別強調「經典詮釋」的不同向度，可提供教師參考。

回應教本的主題，可幫助教師的教學過程更為聚焦集中，對學生來說，更可明白語錄選文的一貫思考，以《論語》來說，不論是傳統的「論學」或「論詩禮樂」，其實都是夫子對「教育」的看法，因為在孔子意義下的儒雅君子，「詩、禮、樂」不只是用以陶養身心而已，更是教育養成訓練中很重要的一環，故將之歸屬在「論教育」主題單元中。回歸教本主題，學生便不致誤會「詩、禮、樂」的討論，和教育、學習無關，不僅可幫助學生閱讀、理解，同時師生也在閱讀、講述的過程中，參與、深化了課程之應用。

四 以學生為主體，採「活動式」的設計主軸

（一）「經權相輔」的活動設計

　　教師常會認為從事教學活動，直接等於排擠授課時數；從事教學活動雖然有趣，但並不會反映在學生成績上；許多教學活動做過幾次之後，教師本人也不免有「炒冷飯」的心情，因學生反映「未必佳」，間接澆熄了設計活動課程的熱情。

　　這些感受其實都是曲解教學本質的思考。首先，授課時數本已包含「活動課程」，非全以教師本人的講述為主，以為教學活動和授課時數相排擠的看法，除了教師本人於活動流程的時間掌控不佳外，還有對授課時數、課程內涵認識上的曲解。

　　其次，「教學活動」和「學生成績」本來就是兩件事，動機各自不同，目的亦明顯有別，從事「教學活動」既然是為了要「有趣」，「有不有趣」才是重心，且此「趣味」亦應來自師生雙方，而不只是偏重在學生身上。想想看，作為一名教師，在漫長的教學生涯中，實難免枯索無味，設計教學活動，正可為教師本人和學生留下一段美好的記錄，師生共同記得，曾經如何「一起玩過」、「一起讀過」，如此便不會降低熱情了。最後要說的是，活動重複而「炒冷飯」的問題。活動雖然相同，但教師面對的學生不同，基本上應不致「炒冷飯」才是。不過，依時依境轉換，不斷從事「活動更新」，卻是必要且切要的，因為安排「活動」，不過是「權」，「權」當知所「變通」，變通之後還得返回「經」，回到教學的正軌、回歸課程主題，如此「經權相輔」從事教學活動設計，才不會迷炫於追逐設計活動，忽視了教學的本懷。

　　然而，究竟該做幾次教學活動才合宜呢？其實，「法」無「定法」實在很難規範出單一的標準。國文老師通常也擔任導師、兼任行政工作，以筆者為例，筆者通常每學期實施一次全班或跨班的大型教學活動，請學生認真參與，因為一學期「才一次」，通常學生的配合度較高，活動成效也比較好。

（二）教學活動示例

　　以《論語》、《孟子》的教學為例，筆者曾使用坊間兩種教本，各以一年時間，每週一小時講完《論語》、《孟子》二冊，第一學期為《論語》，第二學期是《孟子》，本文講述方式大抵相同，筆者每學期各舉辦一次與該課程有關的活動設計，茲說明如下：

A　活動一

活動名稱：我猜，我猜猜猜

活動說明：《論語》一書，含藏許多沿用至今的成語、熟語，講讀課程時，可以請學生蒐集相關的用語，製作成大字報，玩比手畫腳遊戲，以練習《論語》轉用到生活中的成語，提升學習趣味。

進行程序

1. 教師可先將全班同學分為兩組，每組各準備十五個《論語》中的成語做成大字報，當作考核對手的題目。
2. 每組各派出十名隊員參加遊戲，負責表演成語題目，一至三名隊員擔任猜題者。
3. 教師可先和全班同學約定比手畫腳的遊戲規則，如：口白說明時，若不慎言及答案中的任一字，則不記分；每項題目各以一分鐘為

限，逾時亦不計分等。兩隊觀眾應恪遵比賽規範，不可大聲喧嘩，以免影響比賽進行，違者亦扣分處理。

4. 比賽進行最後，結算冠軍組，由教師提供該組同學獎勵。

5. 有關《孟子》相關的成語、熟語條目，可參見南一版《中華文化基本教材・論語篇》附錄。

　　第一學期，學生甫接觸《論語》，認識及體會均不深，教師多強化講授時的趣味度即可。在講讀完文本後，可鼓勵學生摘鈔、背誦，做為加分項目，並可於課程中播放電影《孔子》，討論劇本的加料、改寫，甚至異化；于丹在《百家講壇》中對《論語》的抒感式說明，和教師課堂說解的異同等。

　　第二學期，學生讀畢《論語篇》後，於儒家思想已有理解，教師於開學時預告期末將實施活動二，於期初先發下「金句隨身讀」，俾便期末使用。

B　活動二

活動名稱：《論》、《孟》精句大進擊

活動說明：《論語》、《孟子》二書涵括大量人生智慧，為提升學生學習經典的興趣，培養學生對經典的熟悉感，涵養人文精神，故舉辦本活動。以填充、會考方式命題，舉辦班級及個人競賽。

進行程序

1. 教師先向全班同學說明活動意義，並製作發下「金句字卡」或「金句隨身讀」，提供學生記誦之用。

2.「論孟金句字卡」，其中包括二書中的精句五十二句，包括文本、語句出處，結合學生美術作品及校景照片，印製成盒裝的撲克牌形

式；花色部分，分別標示以「南、湖、高、中」四系列，如以下圖例。（見P75-76附錄 精句字卡圖文）

3.「金句隨身讀」，其中亦可包括二書中的精句若干，包括文本、語句出處、翻譯等，教師可另為製作，幫助學生記誦理解。

4. 期末舉行全年級的紙筆測驗競賽，以所背誦精句為範圍；教師命題時，請以方便閱卷記分的五十格或二十五格為定，每格書寫內容盡量不逾五字，達成背誦、學習目的即可。可利用班、週會時間施測，說明佔學期總成績若干，使學生積極重視。

5. 定立獎勵辦法如下：

　(A)分個人獎及團體獎兩類。個人測驗成績採全年級混排方式，全年級排名前一百名者，獲記嘉獎壹次及本校合作社兌換券一張。

　(B)團體獎以班級成績為單位。全年級總分最高的前三名班級，授予班級獎狀及禮品。禮品可以是「飲料兩箱」、「每人一份福利社麵包」等；教師亦可依班級特質適度加碼。

6. 活動結束後，請學校公開敘獎，以增加學生榮譽感。使用過後的字卡，因其分為四類，於總體課程結束後，尚可在每次國文科段考中，依序加考「南系列」十三句、「湖系列」十三句、「高系列」十三句、「中系列」十三句等，實施四次完畢後，再加以反覆。或改考三的倍數句、五的倍數句、JQK 穿衣服句等；加深加強學生記憶。

　　以南湖高中為例，本校於高一開設「中華文化基本教材（原論孟選讀）」，學生高一已背過「五十二精句」，高二、高三反覆背誦，至高三學測前，所背過的精句已經熟爛，應用在測驗考試或寫作上，均見積極有效；學生高一時，因為感覺「在玩」，參與度高，亦覺得開心有趣。

C　活動三

活動名稱：我的「日知錄」——原典摘鈔及筆記

活動說明：顧炎武將個人的讀書筆記名為《日知錄》，取「日知其所無，月無忘其所能」之意，閱讀經典就需要這樣的累積工夫。本活動分為兩類 ——《論》、《孟》原典抄錄及讀書筆記，教師可分別於不同學期實施。此中，因原典抄錄內容較多，可邀請學生自由參加，作為學期額外加分項目。

進行程序

1. 教師可先從坊間揀擇有關《論》、《孟》的概述性文字，如：《論語義理疏解》、《孟子義理疏解》（鵝湖出版社）等，影印發給全班作為讀書筆記的教材。

2. 教師製作教材時，可依選定的文本，略分為若干項次，俾便學生習作之用。以前揭書為例；《孟子義理疏解》概論，分為三大項次——「心性論」、「修養論」、「政治文化」；《論語》部分，則分為五個項次。

3. 教師請學生在閱讀過程中，用螢光筆畫記佳句，並依次在每一欄目中，提問一至二個問題並自行回答，答案需介於一百五十到二百字之間。

4. 本項作業，即為《論》、《孟》讀書筆記，需全班學生繳交。

5. 《論語》一書約有一萬五千多字，《孟子》有三萬餘字，教師可於講完二本教材後，再實施「原典摘抄」活動。

6. 請學生以六百字稿紙，抄《論語》一書；或《論》、《孟》課本所收錄的內容，每則語錄需換行分別抄入。

7. 抄書其實是為了加深印象，幫助學生看書，故抄錄此二部書，亦應分二學期做為加分項目；教師給同學「外加」分數時，亦應加強「鼓勵」，以「厚賞」鼓勵勇夫，並於期初或放寒暑假前說明，期末或開學時繳交計分。

　　以筆者任教班級為例，筆者實施抄書活動，均於寒暑假實施，因為放假時間較長，且因為是下一個學期的加分項目，通常愈不用功、成績較差的同學，因為擔心自己下學期又被當，參與度更高；積極認真的同學，放假時間較多，也通常願意參加。讀書筆記活動，因是全班同學均必須繳交的作業，學生除了閱讀《論》、《孟》課本的概論性文字外，因本項閱讀筆記作業，又多讀了其他的說明，可加強加深認識。教師初始已將全文分項分欄，真正批閱作業時，一方面可檢視學生是否真正看懂了文章；學生的自行提問回答，亦同步培養了學生歸納文章、透析文本的短文寫作力；雖是閱讀筆記作業，卻一併實施了「文本閱讀」及「語文表達應用」練習。

五　結語

　　當代「哲學詮釋學」最重視理解、解釋與應用的統一過程，迦達默爾指出：「理解總是解釋，因而解釋是理解的表現形式」、「如果要正確地被理解，即按照文本所提出的要求被理解，那麼它一定要在任何時候，即在任何具體境況裡，以不同的方式重新被理解。理解在這裡總已經是一種應用。」在理解中總是有這樣的事情出現，即把要理解的文本應用於解釋者的目前境況，因此，理解、解釋文本的同時，也同時對應著他所處的時代，處於他所理解的文本當中。

　　若從課程設計、文本講讀上說，教師學生共同參與課程討論、面對課程，所重視的側面容或有所不同，教師更偏重教，學生更偏重學，不同範文提供不同的解釋理解，其實都隱含了應用的解釋。課程總體在教學過程中，扮演著中介者的任務，這種中介的任務，即是在當時（過去、今天），在教師與學生間進行中介，即所謂「應用」。而此應用總是回應當代的，不論所擇定的文本是哪一種，一名教師所要

傳達致力的目標，只有在課程設計、操作實踐的具體情境中，才能被具體化和臻於完滿，而這種工作完全受課程設計和教學情境所制約。

　　總括來看，筆者以為，《論》、《孟》的教學設計本當有經、權的兩面，就課程內容上說，以課本選文核心單元為「經」，活動設計為「權」，來補強主題課程的講授，活動設計既是課本範文講讀的趣味延伸，目的亦是為了強化選文的理解，順便亦可呼應國文教學中同主題、同類目的關懷，經權相輔的課程規劃設計，重視「主題式單元」與「活動設計」的融通，不論從語文訓練、儒學思想、文化意識的涵育深化來看，都有其積極意義。就總體課程的規劃設計上看，雖僅能被呈現出主題篇目，但舉凡人文教養、生命教育、政治經濟、文化關懷等面向，也都包含在內了，此間，論孟教學的最高目標──涵育文化理想，自是課程設計必然包含的鵠的所在。

　　《禮記・學記》上說：「君子之於學也，藏焉、脩焉、息焉、游焉。」這段話說明了，在教學或學習的過程中，一個樂學善學的君子，不論入學脩息正業，或退居閒暇之時，皆會因博雅之教深浹於心，而有左右逢源之樂。此中，如何幫助學生學得博雅，時感進學之樂，課程內容及活動的安排設計，自然十分重要。

　　回到國文教學的本懷來說，課程內容本應兼重語文、文學、文化等不同層次，特別是筆者長期從事經典教學，更時時有經典即是生活，經典不離生活的體會；透過課程內容經權的設計，從學生原本「游於藝」的興趣上加以引申啟發，便可幫助學生樂學。從課程設計上看，筆者以為，一個理想的國文教學，必須讓教學者、學生、課程三者，共同參與對話，不應只是傳統主客二分的觀點，主張「教」、「課程設計」隸屬於教學者，「學習」、「應用」隸屬於學生；或教學者、學生是主體，課程是客體，教學者在課堂中佔有主導權的面向；而應轉化為排除主客斷裂二分的思考，或者說，提供主客的融通或再結合，亦即整個課程規劃、教學活動，教學者和學生都有重新參與建構

的可能。換言之，課程設計必須作為我們再現的東西，才具有意義，課程安排雖需有一定程度的規範限制，但卻有無限變化的可能與自由。

正因課程必須由教師、學生共同參與，故其講授的內容單元，便可因應不同的需求或表現而有所調整。由總體課程中的「主題式」單元出發，以教本選文為「經」，另以「活動設計」為「權」，從權變通、以權輔經，不僅具體回應了活動設計是否會與教學時數衝突的問題，就實際的教學現場來說，一個讓學生在學習過程中感到趣味、不論修習當下或閒暇時，都能感受學習收穫的教學，才有可能是一個有效的教學；而引起學生主動學習的動機、興趣，更是任何科目的執教者，首先考慮的要素之一；以教師為主導、學生為主體、設計為主軸的經典教學，重視講讀時的經典現代詮釋，不僅可以回應自己所處的時代、所面對的日常生活，同時也是更積極有效的教學。

「國文」在整個高中課程中，常處於「弱勢地位」；「論孟選讀」（一○○課綱已更名為「中華文化基本教材」）則更是弱勢中的弱勢，人們雖多認為記誦閱讀經典是重要的，欣賞經典似乎也有需要，但卻普遍認為這類課程無聊、無味、浪費時間；之所以造成這種長期以來的偏見，實在是因為「課程設計」乏人深究，執教者只惶惶追逐「聲色炫目」的活動設計，忙著回應該如何「教」作文、指導閱讀，再不然便是一味死記大補帖，忽略「活動設計」並非和「課程內容」斷裂之故。

筆者提出，以教師為主導，採「主題式」的規劃設計，揭露課程核心，重視傳統經典的現代詮釋，回應課本的編寫主題，為「經」；及以學生為主體，採「活動式」的安排設計學期活動，為「權」，「經權相輔」的課程設計，把握課程主題的「經常之道」與活動安排的「權宜設計」，重視講授內涵的經權調融，兼重文本講述及活動安排，便是試圖導正長期以來對經典教學及課程活動設計的忽略與不足，筆者並盼個人長期以來的關注，可提供「一磚之見」，引來更多「玉石」

的討論回應，共同為經典教學注入新活力、新生命。

附錄　南湖高中「論孟精句」字卡

　　分南、湖、高、中四組，前三項圖稿，分別為學生美術、設計、攝影競賽獲獎作品，最末為校園公共藝術造景照片。

4 南　《孟子・離婁下》

圖/謝以亭

仁者愛人，有禮者敬人。愛人者，人恆愛之；敬人者，人恆敬之。

6 湖　《論語・里仁》

圖/沈庭瑀

子曰：事父母幾諫。見志不從，又敬不違，勞而不怨。

7 高　《論語・公冶長》

攝影/黃百榮

子曰：
伯夷、叔齊不念舊惡，怨是用希。

J 中　《論語・子張》

生命之環

曾子曰：
上失其道，民散久矣。
如得其情，則哀矜而勿喜。

3 南 《論語・憲問》

圖/謝艾霖

微管仲,吾其被髮左衽矣。
豈若匹夫匹婦之為諒也,
自經於溝瀆,而莫之知也。

7 湖 《論語・衛靈公》

圖/林思辰

子曰:
群居終日,言不及義,
好行小慧,難矣哉!

6 高 《論語・述而》

攝影/林妗鐏

子曰:
女奚不曰:
其為人也,發憤忘食,
樂以忘憂,不知老之將至云爾。

Q 中 《論語・子路》

鱗鱗波光

子曰:
君子和而不同,
小人同而不和。

經典的照亮
——《論語》今說

寫在正式疏講之前……

　　筆者於二〇一一年曾應邀赴中國‧甘肅‧慶陽一中，做了一系列的國學經典講座，課程內容包括眾人所熟知的《論》、《孟》、《老》、《莊》、《史記》、《周易》，及古典詩歌等等。《論語》是兩岸學子皆熟悉的國學單元，當時的考慮，是盼望以更現代化、生活化的方法，向新一代的年輕學子介紹《論語》，揭開經典神聖的面紗，使現代人不再將經典束之高堂，以為古書都是深奧不可親近的。

　　宋人趙普曾說過：「半部《論語》治天下」。朱熹在《語類》裡也說：「天不生仲尼，萬古如長夜」。經典之所以為經典，就在其亙古常新、同步古今的趣味和價值。時移事往，彼時在慶陽一中聆聽課程的學生，均已升上大學；當時參與討論的師友，亦各自為不同的人生事務奔忙；唯一不變的，是我們都仍然保持著對經典的熱愛。今將彼時講述的單元，迻錄於此，一方面記其情誼，同時也為閱讀經典，還懷有懼怖心理的讀者，提供一種以生活面向解讀《論語》的可能。

　　對初任教職的教師來說，上述的經典文本，雖是中文系必讀的專書，但修過專書，並不意味著即已具備講授的能力。如何以更貼近現代人思考，以一般人、特別是新世代學生，皆感興趣的語言模式，傳達聖人理想，當然也是這一代教師努力的方向之一。《論語》作為語錄體的文本，篇幅較短，用作格言，律己勉人，好處多多。以下文字說明，均採口語化的方式呈現，旨在真實呈現彼時上課的樣貌，提供

閱讀之趣，當然，僅賴如此簡要的說明，亦難揭櫫經典的全幅價值，不過，有機會多讀讀經典總是好的，讀者若盼望能深度理解各章意旨，還得自己用功，多唸唸舊注才行。

開始上課囉⋯⋯

　　今天的課程，我想和大家談一談《論語》中，與學習有關的幾則語錄。《論語》裡頭，討論學習的條目很多，因為時間的關係，沒辦法一一和大家分享，這一次先簡單講幾條，讓大家管窺一下夫子學問的堂奧。孔子被我們稱作「至聖先師」，他的教育理念、方向和意義，到今天都還很有價值，甚至西方的管理學，還特別討論了「儒家式的管理」，可見我們能不受語言阻隔，直接接觸《論語》是很幸福的事。同學們上課時，可以參考自己手邊的講義，每一則當中，都附有章旨，如果上課來不及記下，也可以回家再仔細看看。

一　《論語》──論學

（一）做一名好學的人

　　子夏曰：「日知其所亡，月無忘其所能。可謂好學也已矣。」（〈子張第十九〉）

　　【章旨】子夏認為能夠溫故知新，便可算是好學。

　　子夏用這一條告訴我們，學問是不斷累積的過程。就是得每天都告訴自己：「其實啊，唸書是沒有唸完的一天嘛，我總是還有很多不會的地方。」這樣的知識學問，事實上不只包括「記問之學」，不僅僅是我們紙本上看到的這些知識而已，當然也包括了「德行之知」。這

一條，同時也是顧炎武《日知錄》書名典故的來源，顧炎武希望自己每天、每月，都能持續不斷進步，所以他就把他的讀書筆記，定名為《日知錄》。

話再說回來，書本上的知識當然是很重要的，不過得把你不斷學會的知識，持續地溫故知新，並且要常常提醒自己。有些東西必得要背起來，時間久了，才有機會默會於心，所以我很鼓勵學生背書，要多背書啊，但背書的目的是為了什麼？為了忘記。忘記了怎麼辦？就再背啊。經典的句子，反覆反覆的背，背了忘，忘了再背，日子久了，背過的句子，就會變成你血脈裡的一部分，成了你的骨肉，講話、寫作，不知不覺就用上了。何況，直接能背出來，比 google 索引還要快，你就勝過 google 了嘛，這就是背書的好處。

時常有學生跟我說，他們心裡面常有一種莫名的糾結，總覺得老師們怎麼老叫我們背書，他自己都不背嘛。被我教到的學生，初始也和大家一樣，很容易「懷疑」，後來就漸漸放棄了。因為關於背書，我下過不少功夫，我的辦公室在八樓，我和學生從八樓一路下樓梯，一面背書，看誰背得快。我想我們來 PK，你肯定不容易贏我。我也常常呼籲國文老師們，得練練功，背一些文章。有的老師會說，年紀大了，真的不容易背起來，所以得估量一下，看看自己每次固定背哪幾課，今年背過的課，得隔個兩、三年，才會再重複教到，不過學生會換，換了一批新學生，新學生就會發現：「我的國文老師好神啊，課文哇啦啦的背好熟啊，您的威名也就很快傳出去了。」、「這個老師很會背，很厲害！」這樣，老師們讓學生背書，學生也就沒得埋怨了。把經典的句子背起來，背起來做什麼？忘記嘛。忘記怎麼辦？就再背啊。於是，你背起來的這些東西，就變成你生命裡面的一部分，就印在你的血脈裡頭了。

前兩天我不是去爬崆峒山嗎？走得好累，就爬不上去啊，我已經

坐了很長一段纜車了，可還是要爬，只剩下最後一段路，真的爬不上去。途中主任一直勉勵我：「還剩下一段就到了。」我一直問他：「現在已經爬超過三分之一了沒？」他說：「超過三分之二了。」「真的嗎？真的嗎？」我說：「到達那個最頂端還要多久呢？」主任說再半小時，再一會兒就到了。但是我不太能夠接受大陸人說的「再一會兒」，因為每回師傅跟我們說再一會兒、拐個彎就到了，結果這個「再一會兒、拐個彎」，卻花了四十分鐘。所以我就問他：「你說的是臺灣版，還是大陸版？」他說：「真的啦，三十分鐘內一定會到，你要多支持一會兒。」

我忽然想到王安石有一篇文章叫〈遊褒禪山記〉，王安石說，他跟朋友去遊褒禪山，走了好一段路，但最後並沒有真的遊到褒禪山最幽靜的那個山洞，後來他反省說，遊山很重要的就是要「有志」、「有力」，並且要「有外物以相之」。所以爬山得要立志，就是一定要攻頂；同時體力要好，要持恆，但這裡不僅僅是在講那個身體的體力而已，而是在已經立了志的基礎下，一直往前衝，所以你要持恆，然後還要「有外物以相之」。「有外物以相之」，用我們現代的白話文來說，是說要靠「貴人」來幫忙。只不過，貴人是總可遇而不可求的，但若從我們可遇、可求的範圍裡面來看，這貴人就是我們的同學、朋友、我們的師長，所以唸書要「師友相扶持」。

我們學校每次月考，都有考一點默寫，因為背書還是學生們永恆的壓力，所以都考一點點而已。上學期期末考的時候，我就聽到女生們上廁所時，兩個人一邊上廁所，一邊背書，我覺得非常有趣。不過也有些人老是背書背不起來，為什麼？因為不瞭解漢語的韻律，古文的韻律。也就是說，古文之所以複雜，是因為語言文句有隔閡，一整個長句，不知道斷句應該斷在哪裡，不知道應該要從什麼地方，把句子切斷再接續，就不容易背起來。

　　我自己有個真實的例子，這也是學生問我的，當時我聽完後，差點快腦中風，感覺血壓一直往上升，腦門子好熱。我來還原一下現場。〈廉恥〉裡面有個句子說：「松柏後凋於歲寒，雞鳴不已於風雨」，當時有個高一的學生，睜開他天真無邪的大眼睛，迷濛地問我說：「老師，什麼叫做『凋於』？」「什麼叫凋於？」「松柏後凋於歲寒，什麼是凋於？」天啊，我感覺我快中風了……。於是我深吸一口氣，慢慢回答說：「凋於（鯛魚），一種海底生物。」結果全班就笑了，他也笑了。我心想，「松柏後凋於歲寒，後凋於，他等會兒問我什麼叫『厚鯛魚』，有沒有薄的鯛魚，我就慘了」，好險大家笑了，他笑了，也懂了。

　　所以這告訴我們，一件事情要完成，必須要先「立志」，接著得要「持恆」，還要「師友相扶持」。讀書也是一樣，得時常溫故知新，時時想著，我總還有不足的地方，得好好加油補充。話說回來，那我為什麼爬崆峒山不容易登頂呢？很簡單啊，因為我首先沒有「立志」，顯然我的「力」也不足，不過所幸，老師還有「好友相扶持」，所以後來我還是有走完的，因為我怕這丟臉的名聲傳回臺灣去，哈哈哈。

　　事實上，透過這一則，可以發現，對於自家生命學問的深化，知識進路的汲取，子夏告訴我們要「好學」，恐怕是一個很重要的核心思考。

（二）博文約禮是君子的學習之法

　　子曰：「君子博學於文，約之以禮，亦可以弗畔矣夫。」（〈雍也第六〉）

　　【章旨】孔子言君子博學約禮，言行便不會違背正道。

　　我們接下來看下一則。這一章中的「文」，指的是各種典籍。

就是得廣泛地去學習各種典籍，有一點慶中校訓所說的「博納」的概念。然而，「博納」不單指閱讀經典而已，還包括各式各樣、各領域的學問。

就像我身為一個國文老師，我讀的東西，大部分都與文學、哲學相關，若讓我唸些科學文章，我便覺得不甚喜歡。我讀的最熟的，大概就只有那本《別鬧了，費曼先生》，以及費曼的一系列著作吧。有許多科普散文，或者是寫自然的科學散文，我都看不太下去。比如介紹櫻花鉤吻鮭、蟲鳥什麼的，我就覺得興味索然，沒滋味，但為了準備課程，沒辦法啊，只好耐著性子，多少讀一點。雖然我也看動物星球頻道，但因為是電視、影像，透過影像介紹動物生態，對我來說，比較容易看得懂。像這樣，就很有可能造成知識趣味上的「偏食」，因為每天都吃一樣的食物，必然會不健康，倘若你平常讀的知識也不廣泛，便比較容易「固執」，甚或「偏執」，很容易會認為自己喜歡的這些、或所讀到的片面知識，就是真理，這的確是一個問題。

年輕的時候，老師也和當時很多的年輕人一樣，免不了風花雪月，為賦新詞強說愁一番，寫了不少風花雪月的文章，發表在報紙、副刊，後來之所以不寫，實在是感覺我所接觸的面向太窄，而我的生活，實在太安逸了，我寫不出不朽的作品。

你看，「一個人，一生只戀愛一次，是幸福的。不幸，我比一次多了一次。」這是《藍與黑》的開頭，就要在大時代裡，才有這種感覺。換到我們現在，或者你可以改成說：「一個人，一生只戀愛一次，是不幸的。所幸，我比一次多了好幾次。」這不就差多了嗎，好像現代人都是遊戲人間的樣子。因為我們沒有那種時代背景，也就不容易寫出那種厲害的文句。《藍與黑》、《星星、月亮、太陽》，包括《阿 Q 正傳》，都是必須在那樣的時代脈絡下，才會產生的作品，因為那些作家，不是在寫一個故事，故意要寫成一個什麼樣的文章，他

們就是寫當時的生活，當下社會的總體情感。當李白寫「五花馬、千金裘，呼兒將出換美酒，與爾同消萬古愁」的時候，李白表現的是他的真性情。李白是俊逸飛揚，慷慨豪爽的，他的個性，就是會把大奔（賓士）借給朋友開，結果開回來變兩輪……，四輪的車借朋友，回來之後變兩輪，也是可以接受的。李白真的有那種胸襟，他不是在寫一個假的狀況，詩裡說的，是他的真情告白。

總之，後來我就不再創作了，我覺得我寫不出什麼玩意兒來，我寫作的內容格局太小。雖然我也曾獲獎，得過一些獎金、獎盃、獎座什麼的，還有為了好玩，參加某奶粉公司徵稿，也得了個獎，對方送給我幾十罐奶粉之類的，我媽拿去送給我們家附近的街坊鄰居。我不寫了，感覺自己沒辦法突破。教書以後，陸陸續續編寫不少教材，又開始喜歡讀些哲學思想性質的書，不是哲學類的，反而看不進去，覺得實在太淺了，不過是無病呻吟。然而，那些留下的文字作品，對當時的創作者來說，並不是無病呻吟，那是他的生活樣貌，他的思索，就算只是每天拿著酢漿草拔葉子，不斷重述質問自己：他愛我、他不愛我……，也值得為此歡欣鼓舞。

回到這章來說，談君子為學的定法，其實也是孔子論學的宗旨。這裡強調說，我們要去看各式各樣的東西，這個閱讀欣賞的過程，會為自己的生命注入許多養分，但是，除了知識上的汲取以外，還要「約之以禮」，用禮來約束自己的行為，這是屬於道德的面向。「禮」是一種場域裡頭的分寸節度，在柔性的層面，用道德來約束自己、自我要求。在整個社會的規範當中，則有「他律」，也有「自律」，這些都是用禮來要求，規範行為的方式。

在學校，禮是什麼呢？禮就是看到老師會跟老師打招呼，然後老師也很快樂地回答你「嗨！」，這就是禮，有來有往，溫潤動人。在這裡，我要先跟大家說聲抱歉，尤其各位身穿便服，我離開這個講臺

之後，便不容易認得大家了，我不認得你是不是學生，或者是不是我的學生。慶陽一中的學生，上學穿便服，但臺灣的高中生，上學必須穿著制服，我知道此地曾一度討論過要不要穿制服的問題，特別的是，穿便服上學的人，想穿制服；但穿制服的人，卻想穿便服，這很有趣。人就是這樣，凡是得不到的，便「以為」是好的，得到後才發現，也沒有什麼嘛。

我讀書的時候，穿制服穿了很長的時間，因而有種厭惡穿制服的心理，孰料等到畢業在即，卻心生害怕。我在想，當我卸下制服時，我與公車站牌下頭，一大群等公車的女生，有什麼不同？沒有不同啊。其實穿制服有種「群體」意識，透過服裝，告訴世上的人「我是誰」，服裝是一種符碼，透過制服的標誌性意義，告訴外在世界：我們是一夥的！當然，對學校來說，學生穿制服比較好管理，臺灣的中小學生穿制服，雖行之有年，倒是各校各逞特色、各自爭艷的。你們現在穿便服，可以自由自在地告訴世界上的人：「我是誰」、「我的性格、我的打扮，這就是我！獨特之我！」但也因為你們穿著便服，我便不容易認得你是不是學生。

同學們說：「老師，我額頭上有寫『我是學生』啊！」但是我來這裡的時間不夠久，我無法辨識。若你下一次在路上看到我，遠遠地向我敬個禮，我一下子沒法回應，請大家包容老師的失神，對不起。基本上，除了上課、寫作之外，大部分的時候，我都很放空，如果你看到我精神渙散的逛大街，請不要懷疑，那真的是我。同學們屆時很快樂地大聲說：「慧茹老師」，這樣就好了，因為我看見同學們都很有禮貌，用眼神遠遠地看著我，並很靦腆的一直看我，好像要和我打招呼的樣子，老師心裡就想，你是誰呢？我在哪見過你？老師先跟你抱歉，我不是目中無人喔，我是真的一下子反應不過來。

孔子說，用禮來約束自己，「亦可以弗畔矣夫」，也就可以不違背

正道。夫子告訴我們說，作為一個君子，要博學、約禮，事實上這個「禮」，包含了整個詩、書、禮、樂的內涵，學習的目的，便是通博地實踐禮的內涵。

表面上來看，「博學於文」和「約之以禮」，好像是兩個分開的並列句子，但其實是合二為一的。並不是先「博學」才「約禮」，因為「文」的內涵，本身就包含著「禮」，而「禮」的實踐跟表現，是透過一切人文的「博學」而成的，所以透過「博學」，可以幫助「禮」的圓成。

在臺灣，送人梳子是不合於「禮」的，因為梳子就代表疏遠，會讓感情疏離了；可是在大陸這邊，後來我才知道，送人梳子是禮。有個品牌叫做「檀木匠」，我到山東大學訪問時，老師們送我一把檀木匠的梳子，我心想，怎麼會送梳子呢？這樣不就分開了嗎？我趕緊包紅包給他，藉以代表這把梳子不是對方送給我的，而是我跟他買的，這是臺灣人的思考，臺灣人的習慣。後來，經我仔細了解之後，我才知道，原來，「髮梳」取意於「發」的諧音，因而有「祝你發財」的美意。臺灣重視「疏（梳）」，而大陸卻重視「發（髮）」，兩者的差異，必須透過人文之教來學習。

我去年來學校參訪時，曾跟你們的學長表示：「我不喜歡周杰倫，他在唱什麼都聽不清楚？」爾後我也這樣跟我的臺灣學生說，學生回我：「老師，周杰倫，就是因為他咬字不清，所以歌才好聽啊！」我心想，學生熱愛周杰倫，而且又這樣說，肯定是有原因的，於是我就很認真地把周杰倫的歌都聽了一遍，並且把他的歌詞和歌曲，全都下載下來，認真比對，就像寫論文那樣。於是我發現，周杰倫之所以是周杰倫，是因為他的曲調跟咬字，均能完全彌合，正好都打在節拍上。周杰倫的歌，雖然咬字不清，但卻沒有節拍問題，比起許多歌手來說，還是很優秀的，所以從此以後，我就不再罵他了。

　　所以這則告訴我們，事實上，「禮」會通過「博學」來幫助「禮」的實踐，而一切人文的學問，都建立在「博學」的基礎上頭。

(三)「一以貫之」是選擇接班人？

　　子曰：「賜也，汝以予為多學而識之者歟？」對曰：「然，非歟？」曰：「非也！予一以貫之。」（〈衛靈公第十五〉）

　　子曰：「參乎！吾道一以貫之。」曾子曰：「唯。」子出，門人問曰：「何謂也？」曾子曰：「夫子之道，忠恕而已矣。」（〈里仁第四〉）

【章旨】此二章皆言道與學仍當一貫。

　　接下來這則，是孔子對子貢的提醒。端木賜就是子貢，他提醒子貢，不要把知識經驗當作「道」，要他不可隨著經驗知識，無窮追索下去，而應該回到自己的生命上來，以「一貫」做為自己體道、明道的依據。「多學而識」的「識」應讀為「誌」，「識」是「記」的意思。孔子先是問子貢，「汝以予為多學而識之者歟？」賜就回答說：「對啊，難道不是嗎？」孔子就說：「非也，予一以貫之。」「不對啊，我是用『一』來貫穿啊。」孔子強調，他用「一」來貫串他的學問，其實是消化了經驗之學，把經驗之學轉為自己的智慧，體現仁道的真實，並落實為忠恕的工夫。

　　多學可以幫助德行生命的精進，可以向上追求一貫，這就是所謂「上達」的一面，但「上達」又從「下學」來，「一貫」則自「多學」來。子貢回答孔子說：「對啊，難道不是嗎？」表示他一向都落在經驗知識的追逐中，而且，他也用這樣的方法，來了解孔子，比起曾子回答：「夫子之道，忠恕而已矣。」顯然是落下一層了嘛。所以說這一

則，雖是在討論夫子的一貫之道，但仔細想想，也有點孔子在選擇接班人的味道，不過關於這一點，我們還得和下頭〈里仁〉的這一則，一起來對看。

這一條是孔子和曾參的對話，曾子說，夫子的一貫就是忠恕。因為不是基於多學，也就無可貫通，但是多學而求其一貫，也不是希望學生僅僅是多學而識而已。孔子說：「予一以貫之」，我是用「一」來貫串的，這個「一」，是指基本的道理。孔子說，我用一個基本道理，來貫串所有的事理，他的意思是說「道學一貫」，這是夫子思想最重要的核心。孔子在提醒子貢，不要把知識經驗當作「道」，不要隨著知識經驗「多學而識」，無窮地追索下去。就是說，你只是在背誦文字，那是沒意義的。譬如說讀了《金庸全集》、讀了《錢穆全集》，又或者把整本《論語》都背起來，但是到底有沒有真的「明白」？不要只是把知識經驗當作「道」，而是要以「一貫」作為體道、明道的依據，並不是「多學」不重要，而是說，透過自己的「多學」，也就可以發現，這些學問的本質內涵，都是可以貫通在一起的。不要只是追求「多學而識」，也不要在「多學」之外，去追求「一貫」，是希望我們通過學習的過程，要把自己的經驗之學，轉化成一種自己的「智慧」，體現出一種價值。「知識」和「智慧」是不同的，「知識」可以幫助「智慧」的開啟，卻絕對不會直接等於「智慧」。

許多鄉下人沒有讀過很多書，但他們說的話，卻可能很有智慧，尤其是家中的長輩，爺爺、奶奶說的話，認真想一想，可能就很意味深長，他們說的話，也許就是一種生命的學問。臺灣人時常說一句俗話：「一枝草，一點露」，因為露水滋潤了草葉，所以草葉才能茁壯成長，這正告訴我們，必須「飲水思源」，必須感恩。我阿嬤過世已久，阿嬤以前都會告訴我，吃飯時，如果不把碗裡面的米粒吃乾淨，女生以後就會嫁給臉上都是痘痘的男生，男生就會娶到滿臉都是痘痘的女

生，所以要把飯吃乾淨。阿嬤要表達的，其實就是「誰知盤中飧，粒粒皆辛苦」這樣的道理，可是她並沒有讀過這句話，她也不曾讀過書，我長大之後回想，覺得阿嬤很有學問。

有一天，我夢見我要去王夫之的故居遊玩，王夫之就是王船山，他是清代的哲學家，我搭著一條船前往他的故居，快要抵達時，我後面的朋友，拿蛇一直丟我，我嚇得哇哇大叫，就哭著驚醒了，夢醒後，我跟母親講述這個恐怖的夢。我媽媽就說：「王慧茹，這代表你在寫論文的過程當中，會遇到許多阻礙，但是只要你能夠克服，你就能夠造訪他的故居。」我當時覺得好感謝我的母親，我母親只有高中畢業，她根本不認識王夫之，可是她的說法，的確是有生命的智慧。

孔子在這邊特別勉勵子貢，是因為在夫子眾多的學生中，端木賜是很聰明的。經驗之學是屬於「下學」的部分，而「下學」要能夠「上達」於「道」，「道」就是人應該要走的路，「道」是理想，是根源、是價值，是用來照亮生命的。孔子勉勵子貢，子貢的反應也是很直接的，子貢覺得這些經驗知識，當然也是非常重要，但如果把子貢拿來跟曾參比較，兩個人是很不一樣的。子曰：「參乎！吾道一以貫之。」曾子曰：「唯。」我們說「唯唯諾諾」，「唯」就是「是」，「諾」則是「嗯」，兩者不太一樣，唯跟諾是不同的。

順便一提，古人的笑也分許多種，如果是「仰天大笑出門去」，那是李白，皇帝下詔給李白，李白喝著酒，一邊準備前往，得意極了。「仰天大笑出門去，我輩豈是蓬蒿人」。還有一種是「嘻」，露出六顆牙齒；另一種是「哂」，也就是微笑；還有一種是「哈」，這幾個笑的口型都不一樣。

曾子回答說：「是。」可是同學們都不懂，於是夫子出，門人曰：「何謂也？」同學們就問說：「師兄師兄，老師剛剛講的那個，是什麼意思啊？什麼叫做『吾道一以貫之』啊？」曾子回應說：「夫子之道，

忠恕而已矣。」他就把夫子之道做了一個展開。「吾道一以貫之」,「一」就是「忠恕」,「忠」就是「盡己之謂忠」,「忠」這個字是「中心」,漢文的有趣就在這裡。《論語》當中提到「盡己」,跟我們現在所說的「替國家效忠、替領袖效忠」的意思不太相同,絕對不是全然所謂「忠君」倫理的思考,這必須小心。

在先秦儒家的典籍中,基本上是以「孝悌人倫」為核心,到了漢代,整個儒學的概念有所改變,才轉變為一種「忠君式」的倫理,一種「帝制式」的倫理。漢代人講「三綱五常」:君為臣綱、父為子綱、夫為妻綱,就是被這三個大男人害了,就沒有自己了。為什麼要「夫為妻綱」?意思就是說,你的先生沒叫你吃飯,你就不能先去吃飯。你說都什麼時代了,拜託,哪有這種家庭?的確也有,極少,但也是存在的,我有位同學家就是如此。他家吃飯一定要男生先吃,女生才可以吃。現在這時代,連女太空人都能升空了,男太空人還在太空艙裡吹口琴,祝他老婆生日快樂,跟以前不同了嘛,但我的同學家裡,仍是客人先吃,家中的男生先吃,女眷們最後才吃飯,我心裡想,完蛋了,哪個女生嫁入這家,就徹底完了。

「忠」是「盡己」,完成你的責任,你的責任就是你要活得像個「人」一樣,要克己守分。你是家裡的小孩,你就好好的當小孩;你是學生,就好好當個學生;你是別人的朋友,你就要言而有信;你要扮演好自己的角色,去追求自己該追求的。注意喔,是「該追求的」。如果你可以獲得富貴當然很好,但若是沒能享受到榮華,也沒有關係,「不義而富且貴,於我如浮雲」,只要合於「義」,就可以去做,也就值得追求,所以你要努力地去賺錢,並且勇敢地花錢。「恕」是「如心」,也就是「將心比心」,要有一顆愛心,儒家講求「恕道」,其實就在這裡。「夫子之道」其實就是「忠恕」。

所以你可以看出這兩個學生,是不同的生命氣象。其實孔子問了

同樣一個問題，但兩個人卻有不同的回答，所以「參也魯，賜也達」。雖然「賜也達」，子貢是很聰明靈巧的學生啊，但他後來畢竟沒有成為孔子的接班人。原本孔子在思考，學派應該要傳給誰，他蠻想傳給子貢的，子貢不錯，長得帥，而且他是「貨殖家」，用現在的話來說，就是很會做生意的商人。子貢有時會缺課，因為他去進行國際貿易，而且他是一個絕佳的外交大使，他做跨國的生意，「臆則屢中」，對於股票、期貨，他都很有概念，他跟孔子的感情很深，孔子過世後，子貢替孔子廬墓六年，所以事實上，孔子蠻想把自己的棒子交給子貢，可是子貢回答失誤，也就失去了這個機會，後來真正傳孔門學問的是曾子，我們後來稱呼曾子是「述聖」，成了孔門的傳薪人。

　　陸象山就曾經評論過這兩個人，說為什麼繼承孔子之學的是「參也魯」的曾參，而不是「賜也達」的子貢呢？可見先天氣質上的聰明，並不能作為明道的保證。象山評論曾子「得之以魯」，說曾子之所以能傳孔門之道，就是因為「魯」，「魯」指的是比較魯鈍、反應比較慢的意思，但是反應比較慢沒有關係，至少比較認真、比較踏實。子貢聰明且反應靈敏，但他執著於向外求知，不知道「多學」應該要求「一貫」，所以在商場上「臆則屢中」的子貢，也就因為他太聰明，反而變成明道的阻礙。也就是說，像這樣的人，人家跟他說什麼，他會比較相信自己的判斷。這樣的人，每次發言講話，開頭一定會說：「根據我的經驗來說，如何如何……。」我「臆則屢中」，還需要你來指使什麼嗎？所以我們說這兩人的氣質味道不太一樣。當然你讀到這邊，也會覺得孔子很有福氣，有這麼多各式各樣的學生。

（四）學習可以改變人生

　　　孔子曰：「生而知之者，上也；學而知之者，次也；困而學之，

又其次也；困而不學，民斯為下矣！」（〈季氏第十六〉）

【章旨】孔子言人雖有天賦資質之別，但努力向學為貴。

在這一則當中，我們可以看出，孔子把天生資質的差異，分成不同的層次。這裡的「生知」、「學知」、「困知」都是泛指。有些人天生就很聰明，他是活在金字塔的頂端，IQ 極高；還有一些，是透過學習就學會了，這是其次；「困而學之，又其次也」，則是因為原本不會，才去學習；還有一種，是即使不會，也懶得學習，這是「困而不學」，「困而不學」當然是最下一等人。同學覺得自己是第幾等呢？你是「生知」、「學知」還是「困知」？大家覺得很害怕、很難回答嗎？恐怕要自己講說自己是「生而知之者」這很困難，這種話實在說不出口。

以我自己來說，我覺得我蠻多時候都是「困而學之」的，就是因為自己不會，於是就萌發了好奇心，所以最多只能處於「又其次也」的階段。另外，「困而不學」的情況也蠻多的，比如說生活當中的常識，我有許多都不太明瞭，我一直活到一定年紀時，才知道西瓜原來是長在沙田裡的，因為我的生活經驗中，沒有農村生活的經驗，所以我看到一些農村的活動，我會覺得很新奇好玩、又很震撼。

我某一天看到鵝孵蛋，放在保溫箱裡，調節溫度，小鵝從蛋殼裡孵出來，我覺得特別驚訝、特別高興。那個展覽中，還有一顆一顆的高麗菜種在一起，我就把它拍起來，一朵一朵的高麗菜，像是豐腴飽滿的花朵，美麗極了，跟我們在菜市場看到的高麗菜完全不同。我去和我的母親說，我媽媽覺得我很無聊，花錢去參觀臺北花藝博覽會，回家老講鵝啊、菜啊的，完全沒看到展覽重點嘛。

在臺北，傳統市場逐漸減少了，大部分都是超級市場，所以如果有人問我什麼東西多少錢、一臺斤多少錢，我是不知道的，我只知道

買這一盒多少錢。而且我們去超市，看到紅、黃標籤特價就買了，白色的沒特價，就一律不買嘛，但是問我多少錢，我真的不知道。這樣就很糟糕啊對不對，這就是「困而不學，民斯為下矣」。所以感覺起來，有父母照顧我們是很好的，可是生活當中的能力，很重要的還是要自己培養。

說到這兒，我還想跟大家推薦一本書，錢穆的《論語新解》。錢穆是一位研究儒學的大學者，我覺得他的解釋都很不錯，也都還蠻到位的，而且他寫的東西比較容易懂，文字障礙比較不多。但是讀錢先生書的問題在於，他的文字雖很容易讓人理解，讓人接受，但讀者也因此很容易就以為自己全看懂了，於是就很簡單地滑過去，事實上，並沒有把握到其中重要的精髓。所以如果你有機會看錢先生的作品，你可能需要一讀再讀，才能讀出其中的味道，在看第一遍時，你會好高興你都看懂了，然後再重新讀一遍時，又會發現新的理解，啊，這裡上次沒看到……。這本書可以幫助同學們接近經典。

錢穆先生的《論語新解》當中就提到：「如師襄之於琴，上也」，就好像師襄彈琴的技術，是屬於最高一層的人，就是天才型的。但是「孔子於琴，則次也」，孔子去向師襄學習古琴，「推之於道、於藝，各有先後難易之別」，孔子在學琴的過程中，希望最後可以道藝相合，所以在追求道、追求藝的路上，雖然各有先後難易之別，兩個人的程度有所不同，但通過學習，也可以有些進步。「或以堯、舜、孔子為生知，禹、稷、顏淵為學知」，這當然是錢穆、錢先生的評論。但我想，如果你去問孔子，孔子一定不會說自己是生而知之者，因為孔子說：「若仁與聖，則吾豈敢？」人家說，孔先生你的學問就是「仁」嘛，您就是個仁人啊，孔子卻說我不敢當。可是孔子又在另一個地方說，「我欲仁，斯仁至矣」，其實「仁」是什麼？「仁」很簡單，去做就對了啊，每個人都可以做到，就是這麼一句鼓勵式的開啟，他告訴

你，「仁」不難實踐。

　　我們現在常常會討論星座，問人家你是什麼星座，啊，我們都是什麼星座的，我們一樣，我們是一夥的。如果你知道自己是什麼星座當然很好，但即使是不知道，我們也還是有感通的，因為當你回答，你不知道的時候，你是真心的不知道。那麼感通的，也就不是只有星座而已，話說回來，星座把人分為十二種，也不全然準確嘛。

　　孔子在這裡告訴我們，我想要達成「仁」，「仁」就達成了，「仁」的實踐並不困難，孔子鼓勵大家，每一個人，都可以做一個「仁人」，但是你如果要用「仁」跟「聖」來稱讚我的話，我不敢當。我們一輩子都在永恆地追求「仁道」的彰顯，有沒有什麼事情，已經百分百完成了？完成了，就死了啊。所以你得累積每一個當下的小成功，為了往後的大的成功，養成時時努力的習慣，習慣累積，習慣努力，並且習慣成功。不過即使成功了，也只是一個習慣而已，你要養成成功的習慣，這沒有什麼獨特的。

　　講到這裡，你可以發現，雖然在「學」的這件事情上，孔子分成不同的層次，但事實上，他並不是把人分等級。他是說，在追求知識的時候，每個人或許在先天能力上，有清濁的不同，但學習卻可以調整自己。也就是說，我們的性情有各自的不同，就像曹丕〈典論論文〉說的：「氣之清濁有體，不可力強而致」，曹丕說，每個人的先天氣質，清濁有體，是各自不同的，個性不同，是無法依靠外力去勉強改變的，這是先天氣質。這是曹丕的意見。

　　但夫子告訴我們，我們可以透過學習，提升我們的品質，「我欲仁，斯仁至矣」，你要「博學於文，約之以禮，亦可以弗畔矣夫」，所以這便不是一種先天決定論。唸書當然是一種改變先天氣質的方法，透過學習，可以提升我們自己的生命品質。

　　以上這個部分，是屬於《論語》中和「論學」相關的討論，和大

家簡單談一談孔子的教育理念，特別鎖定「學習」上頭，這裡告訴我們學習時的不同層次、不同的效果。學習本身是有意思的事，不過還得靠這個學習者，自己去慢慢體會。

接下來談的是「論教育」，談談教育的核心價值。我們在課程之初，曾經提過，「教」有一個「上行下效」的向度，這是經學家的看法；「學」還有另一個「覺」的向度，這是宋明理學家的解釋。「教者，效也；學者，覺也」，教育有兩種不同的向度，各位可以看看孔子是偏向哪一個向度。

二 《論語》——論教育

（一）施教的態度及方法

子曰：「不憤不啟，不悱不發，舉一隅，不以三隅反，則不復也。」（〈述而第七〉）

【章旨】孔子言誨人之法，重在啟發。

這一則表面的意思是說，老師舉了其中的一個部分說解，如果學生不能舉一反三的話，那老師就不教了。讀到這裡，大家一定覺得孔子很有個性，現在哪一個老師敢這樣啊！他說，如果學生無法舉一反三，也就沒有太多主動想要學習的意願，「不憤不啟，不悱不發」，所以我就不教了。孔子是在強調，學生們的學習要主動、要積極，他提出這樣的一個教學法，務求「舉一反三」，希望老師們給出一個學習的空間，採取啟發引導的態度。

其實現在正在教書的老師們，都覺得同學能夠「舉一反一」，我們也就覺得蠻高興、蠻感謝的了。許多時候，人們都說老師是學生的

貴人，我倒覺得，同學們才都是老師們的「貴人」。為什麼呢？因為貴人總是多忘事的。每每問學生什麼什麼……，學生總是說沒有教。怎麼會沒有教呢？學生高一升高二要分組，高二開始分為文組和理組後，基本上算是穩定了。到了高三，問學生「中國小說的流變」，學生就會告訴老師：「你真的沒有教……」，還一副理直氣壯的模樣。然後我就會說：「把大補帖拿出來，翻開第幾頁，看看有沒有畫線！」學生真的有畫線，那就是以前教過，還註記畫了線的證據。為了準備大考，大家都是有用大補帖的，同學們不要覺得自己用很多參考書、寫很多考卷，就感到埋怨。

　　孔子在這邊特別講求「學生主動學習」，我們可以發現，「不復」其實是一種教學方法跟策略。就是強調不再用相同的方法，告訴這個學生答案，而是改用其他的方法。其實，有時候老師生氣了、老師不說了，我覺得也蠻好的，同學們不要只看到老師生氣的表面，事實上，老師是留給我們空間，有些東西仔細想一想之後，也就懂了，不知道怎麼樣，過了一段時間後，不知不覺就懂了。所以讀書是有個過程的，思之思之，不曉得怎麼樣，就「神而明之」了。

　　我記得《傳習錄》裡面有一則王陽明看花的例子，其中提到王陽明跟學生們一起看花。說當還沒有去看花時，此花自在山中、自在自然，但是，當人們去看花，這花，便「一時明白起來」，王陽明由此來談「開悟」的重要。當時，我聽我的老師講述這則原典時，因為讀不懂，心底有點生氣：有什麼好明白的？為什麼會明白起來？我就聽不懂，王陽明實在「很奇怪耶」。但是我怎麼也不敢和我的老師頂嘴，因為我的老師很嚴格。比如我的老師問：「慧茹，最近在做些什麼啊？」我就絕對不敢和他說：「我最近在看《我可能不會愛你》偶像劇。」只能跟他說，我最近在寫什麼論文，現在已經寫到什麼階段，如果不是跟他講和讀書、價值有關的，他會覺得很生氣，因為他會覺

得學生很墮落。但在當時，我真的就是不懂啊。我每天一直在想這個問題，它很困擾我。過了不久之後，我做了一個夢，夢見王陽明在看花的時候，我也在現場，我躲在花叢的後面，王陽明向他的學生們說：「啊～～，一時明白起來。」夢醒時雖在半夜，但我立馬去看那則原典，並寫下我的感受，就這樣，不明不白地我就會了。

所以如果你的老師「則不復也」，他事實上是留給你空間。「舉一反三」必須在學習者融會貫通之後，才有可能到達。孔門裡面所講的「則不復也」，到了孟子，有更進一步的發揚。孟子說「不屑之教」也是如此。「不屑之教」並不是說「不屑教你」的意思，而是說「因此我就不再說了」，孟子說的和孔子之教，其實是同樣的思考，也就是說，我因此就停止再跟你說，讓你自己慢慢地去想。

但也有同學說，老師怎麼辦，我就是想不懂啊，那怎麼辦呢？

鄭愁予有一首詩叫〈錯誤〉，他說：「我達達的馬蹄是美麗的錯誤，我不是歸人，是個過客。」學生拉著我，不讓我下課，問我說：「為什麼達達的馬蹄是美麗的錯誤呢？是錯在哪裡？」我一直跟他解釋，他都不讓我走，我只好跟他說：「現在已經十二點半了，你再不讓老師回去吃飯，老師下午一點還有課，那就真的很錯誤了。」後來學生終於放過我。

〈泊船瓜州〉裡說：「春風又綠江南岸」，為什麼「綠」比較美？王介甫本來是寫「春風又到江南岸」、「春風又過江南岸」、「春風又滿江南岸」啊。王安石改了好多次，終於改到「滿」字時，不免高興極了，太好了，我這麼有才華！但他卻趕快把這首詩放在抽屜裡。王安石，唐宋古文八大家、宋詩四大家，開創了詩歌上的王荊公體，是這樣嚴格要求自己的。隔一陣子之後，他又把詩拿出來看，改成「春風又綠江南岸，明月何時照我還」，成了我們今天讀到的樣子。為什麼「綠」字比較美？美是不可言說的，如果硬要說的話，「綠」是轉品，

由形容詞變動詞,這是鍊字、點睛之筆。但我這樣解釋,你真的因此而感受到比較美嗎?不用我多說,你本來就會覺得,用「綠」字,比前面幾種都美嘛。可有些人就是不懂,不懂,你就不要再說了,你就給他一點空間。

夫子告訴我們,我們對於我們不懂的東西,我們可以「多聞闕疑」,你多去聽一聽,多去「博學於文」,有一天你就懂了。不懂就不懂,對於不懂的,暫時先放在那邊,然後慢慢做點功課,慢慢去體會。你們都有閱讀英文的經驗,讀英文的文章,其實不用每個字都看得懂,但考試時就是會寫出正確答案,考英文閱讀測驗就是這樣,你要儘量弄懂,可是就算一下子弄不懂,也沒有關係,你現在不懂,以後就懂了。後來也會發現,現在背起來的是「語文知識」,但長大後,卻莫名地發現,書上寫的是真實的,是實指,是生命的開啟、照亮。

在這裡,夫子告訴我們一種教學法,教學者要讓出來,不要講太多。「不憤不啟,不悱不發」、「不屑之教」都是一種教學方法,可惜更多時候,老師們都是使用「即時之教」,倘若學生不會,老師會直接告訴你,而且拚了命地想要告訴你全部答案。因為學校要求老師,家長也這樣要求老師,但是自己想出來的,絕對比老師告訴你的還要珍貴。

(二)別說話吧

　　子曰:「予欲無言!」子貢曰:「子如不言,則小子何述焉?」子曰:「天何言哉?四時行焉,百物生焉,天何言哉?」(〈陽貨第十七〉)

　　【章旨】孔子欲行不言之教,教導學生求學應從躬行處體認,不可專在言語上尋求。

我們剛剛提到，知識和智慧，的確是可以做不同的考慮，這一則就提到「天何言哉」。在這一則中，提到天對我們的開啟，是不立文字的，可是四時就這樣運作了，萬物就這樣生長了，老天爺是沒有說什麼話的。所以事實上，語言文字的分析再多，也不能直接變成我們的智慧。在學習的過程中，恐怕父母、老師都不要有太多的碎念、絮叨，給出一個生長的空間，讓孩子自己成長。孔子是這樣勸勉我們的。

在這一則裡，相當程度反映出孔子對語言的態度。孔子先是發出「予欲無言！」的慨歎，子貢聽到了，忍不住很擔心，心想：如果老師不再講述，將導致道術不傳的後果。孔子於是舉天地自然運行，講天道循環、天理流布，自然有個條理，然後表示，對人情事理的體會與感悟，又哪裡僅僅只是語言表達而已！夫子的這段語，不僅是回應了很會講話的子貢，擔心他容易掉落語言的困陷糾結，也進一步期勉人們，應當多從語言背後的根源處思考。語言所未能表達的，或許更接近事物的本質、真相。

儒家重視實行、實學，強調切實踐履，與其坐而論道，不如起而力行，孔子在這則中說的，正是盼望人們不要從語言的表象上考慮，而能直探天道不言的妙蘊，對學生的期許勉勵也在這裡。

（三）施教的內容

子以四教：文、行、忠、信。（〈述而第七〉）

子曰：「弟子入則孝，出則悌，謹而信，泛愛眾而親仁。行有餘力，則以學文。」（〈學而第一〉）

【章旨】孔子教學，兼重知識與德行。對於年幼子弟，先教以孝悌人倫，再學習書本上的知識。

　　「子以四教」這一條，當中說的「文」，指的是典籍；「行」，指的是行為的實踐，「忠」、「信」指的是倫理的向度。這邊可以看到，孔子的教學，重視的是知識跟德行的兩面，我們剛才提到，整個儒學的核心是「人倫孝悌」，那怎麼會講「文、行、忠、信」呢？由此可見，孔子對於學習的內容，並非只是收攝在「家庭倫理」上頭，他會把儒學擴大到社會，甚至擴大到社群、國家的責任倫理上。在家庭裡，固然需要重視「孝悌人倫」，但這並不意味著，每個人只有家庭的責任，可能還必須要有一份社會責任。

　　可是若以這一則與下一則做對比，「弟子入則孝」這一則來看的話，又有更進一層的展開。前面不是說「文、行、忠、信」嗎？那為什麼這裡又會說「行有餘力，則以學文」呢？為何「文、行、忠、信」這一條，「文」放在前面，但卻「行有餘力後」，才去「學文」呢？這樣孔子是不是很奇怪？他是不是自己說話矛盾呢？

　　進一步再想想，就可以發現，當孔子講「文、行、忠、信」時，「文」是屬於知識的層面；「行」是屬於行為實踐，但是你所要實踐的是道德，也就是「忠信」。可是當後面一條說：「弟子入則孝，出則悌，謹而信，泛愛眾而親仁」的時候，請注意，在這一則當中，前面所談都是倫理的向度、家庭的倫理，若以「家庭倫理」和「知識學問」做比較，則以「家庭倫理」的實踐為首出。如果作為「弟」或「子」，理所當然要孝順，這孝順是一個「直」、「縱」的向度；「出則悌」，出門之後，「悌」則是一個橫攝的向度；接著要有信用，端己信實，「泛愛眾而親仁」，這邊有一種「博施濟眾」的關懷，不只侷限於家庭當中而已。

　　對於我所處的社群，社群就是「宗族鄉黨」，因為古代社會，相同姓氏的人都是住在一起的，左右鄰居都是親戚。在這件事情上，我覺得大陸保存得比較好，在臺灣，我們大家基本上都是住在火柴盒的

房屋當中。我家那一層有四戶，我不知道住我對面的先生姓什麼，我只知道他是一個澳門人，每天遇到他，也就只在電梯裡面打招呼，不會多講幾句話；我只知道隔壁鄰居先生很胖，不知道他姓什麼，只知道他家的鞋櫃上面，永遠都有很漂亮的花。總共一層也才四戶而已，但我不知道他們姓什麼，我家樓下有誰，我也不知道，我只認識大樓的總幹事、管理員，因為我常常有信件，他們會打電話通知我。

華人的世界，是屬於「波紋型」的社會結構，西方世界則是屬於「捆柴型」的社會結構。「捆柴型」的社會結構，是指每一個人，都是一個獨立的個體，它告訴你「團結力量大」，每一個人都是一根柴，柴必須要綑起來。可是華人的世界截然不同，「我」不是只有「我」而已，「我」是王爸爸、王媽媽的女兒；「我」是高中、大學老師、我是教科書的編寫委員，我是……，我因為這樣而有意義。「王慧茹」這三個字本身是沒有意義的，王慧茹必須是王爸爸、王媽媽的女兒，她才有意義；王慧茹必須是老師，她才有意義；王慧茹必須站在講臺上，她才有意義；這就是華人社會的文化結構。我不是只有我，我不是獨立的存在，我是跟大家在一起的，這是華人很重要的特色。我是跟天地同在，跟自然同在，當然也和所有的愛我、和我愛的人同在。所以說，華人世界是一個「天、地、人」三才的結構。

這邊告訴我們，當我們離開我們的學術社群、離開我們的宗族鄉黨，我沒辦法單獨的、孤立的存在。我在我的這個宗族鄉黨裡是有責任的，我的責任是家庭倫理的責任，也是同宗族鄉黨在一起的責任。這些我都能夠達成，我剩下的，「行有餘力」，我才去求取知識學問。如此一來，是不是跟前面這一則悖反呢？當然不是的。因為在「子以四教」這則當中，你可以發現「行」所強調的是實踐，它所要告訴我們的，是一個分別的項次，是認識學問時的邏輯次第，而不是實踐的次第。也就是說，我們今天談孝順，並不是將與孝順相關的作為，全

部背起來，就代表孝順，不是賺錢回家拿給父母，就代表孝順，而是真正在生活裡頭實踐，可能只是陪父母吃一頓飯，父母親也許因此心情變得很好，也是一種孝順。我父親每次都說：「談什麼二十四孝？就是讓父母哈哈大笑。」父母哈哈大笑這種情況，「可能」就是孝順。可是，因為我也做得不好，常讓父母操心，我實在無法給同學什麼良好的示範。

孔子在這裡告訴我們，行為實踐是很重要的。孝順是什麼？可能就是不要讓父母操心，可能就是常常陪伴父母，因為父母正在一天一天衰老，所有的事情都是可逆的，只有衰老是不可逆的，這件事情如此令人憂愁。想想看，是不是所有的事情都是可逆的？功課不好可以努力，近視可以配戴眼鏡，沒錢，就努力去掙錢，沒頭髮可以去植髮，只有衰老是不可逆的，而父母正在一天一天衰老，當然，你也一天一天地長大，只是同學們的父母還不夠老，所以你對這個地方的體會不深。

你可以發現這兩則在談實踐的次第時，「文」是放在後頭的；但在談認識邏輯的次第時，「文」倒可以放在前面。所以孔子所說的，並非是一個悖反的概念。

《論語》當中，類似這樣的情況很多，所以讀到不同的單元，都要仔細想想看，夫子所講的這些話，有沒有內在的矛盾，包括《孟子》也是，其他經典當中，也常有諸如此類的問題。有一些可能有，但有一些是沒有的，你要認真地想想看。

（四）想到就去做？

　　子路問：「聞斯行諸？」子曰：「有父兄在，如之何其聞斯行之！」冉有問：「聞斯行諸？」子曰：「聞斯行之。」公西華曰：「由也問：『聞

斯行諸？』子曰：『有父兄在。』求也問：『聞斯行諸？』子曰：『聞斯行之。』赤也惑，敢問。」子曰：「求也退，故進之；由也兼人，故退之。」（〈先進第十一〉）

【章旨】孔子因材施教，以矯正學生行事過與不及的弊病。

從這一則可以很明顯地看出，孔子對於不同的學生，有不同的開啟。子路問老師，是不是聽到什麼就直接去做呢？「行」就是實踐，「斯」是「此」的意思，「諸」是「之乎」的合音連讀。孔子回答子路，你家還有爸爸、還有兄長，怎麼會想到什麼，就自己莽撞去做呢？你也太不尊重他們了吧？這邊可以看出，子路的個性是比較衝動的，他想到就直接去執行了。

後來，冉有又問同一個問題：「聞斯行諸？」孔子卻回答，對啊，你想到什麼，你就直接去做吧。公西華就問：「老師，怎麼會同一個問題，大師兄問起，你就說有父兄在；冉有師兄問起，你回說，對啊，就直接去做。我實在很不了解，我很冒昧地請問您，這是為什麼呢？」公西赤跟老師講話，所以必須客氣的用「敢問」。孔子回答：「冉求的個性是比較退縮的，所以我就用鼓勵的方法；子由的個性是兼人、好勇的，所以我就讓他再緩一緩」。

前面我們曾提到夫子不同學生的不同性格，「參也魯」、「賜也達」、「由也兼人」、「求也退」，我們可以看見，孔子學生們的不同生命氣象。妙就妙在，子路跟冉有都屬於孔門四科中「政事門」的學生，但他們兩人卻在政事上面，有著不同的表現。我們可以發現，其實「性格決定命運」。夫子當然是因材施教，由此矯正學生「過與不及」的毛病，但是孔子也希望學生在「聞義」、「行義」的時候，一方面按照自己性情的不同，有不同的對應。這些情懷，對孔門中的小師弟公西華來說，是無法理解的，但他仍然很勇敢地向老師提問，所以我們

可以看到夫子很親切、很溫潤地回答他。由此可以看見，孔門弟子裡頭，不同的生命情調，很有趣，也很讓人感動。

（五）有錢人更要好禮

　　子貢問曰：「貧而無諂，富而無驕，何如？」子曰：「可也，未若貧而樂，富而好禮者也。」子貢曰：「詩云：『如切如磋，如琢如磨。』其斯之謂與？」子曰：「賜也，始可與言詩已矣；告諸往而知來者。」（〈學而第一〉）

　　【章旨】為人不論貧富，皆當修身樂道。於此並見孔門論學，亦當精益求精。

　　前面講了不少子貢的事，我們可以發現子貢很聰明，也的確善問。這一條，可以看見他不只善問，而且很善解，不只是聰明，而且很聰慧。當子貢問說：「『貧而無諂，富而無驕』怎麼樣呢？」孔子回答：「貧而樂，富而好禮」，子貢就明白了，所以夫子非常高興。他就說：「賜啊，我已經可以跟你講詩了。」「告諸往而知來者」，因為跟你講一點，你就懂了。所以透過這一則，可以看見子貢是一個可以「舉一反三」、「舉一反十」的學生。

　　這一條有二段問答，剛好可以分成兩層來看。子貢是貨殖家、大商人嘛，所以他提到，一個人如果做到「貧而無諂，富而無驕」的地步時，是不是已經很難能了，這個疑問，其實也是所有世俗人的疑問，子貢的想法當然沒錯，因為「無諂」、「無驕」都必須有相當的內在修養才能辦到。但孔子卻表示，子貢所說的，雖然也蠻不錯，但卻比不上「貧而樂，富而好禮」的人，因為在德行修養上，超越貧富局限，樂道自在的人，更來得可貴。

　　子貢立刻舉出詩經「切磋琢磨」的話，回答老師。子貢的回答，代表他不僅深刻體悟出，孔子對他和對眾人的期許勉勵，他也從這段人生修養的關懷中，擴及知識層面的精益求精。所以，當第二次孔子又回答子貢時，除了表現出老師對學生的嘉許外，孔子還將焦點鎖定在《詩》的討論上。孔門重視禮樂詩教，孔子對子貢勉之以《詩》，不忘提醒這就是言詩的開端、是「始」，子貢當然聽懂了老師的說解，所以也引《詩》回答。孔門師生論道樂學，相應相悅之情溢於言表，透過這一則，很具體的呈現出來。

三　結語：教育的理想

　　子曰：「興於詩，立於禮，成於樂。」（〈泰伯第八〉）
　　【章旨】孔子教人用詩禮樂培養完美的人格。

　　這次講疏的最後一則，也是老師要與大家分享，勉勵大家的話，就是「興於詩，立於禮，成於樂。」

　　「禮」，是我們剛才提到的分寸節度；「樂」，是一種和諧圓滿的境界；「詩」，是一種心緒的真誠感發；當你的情感有所波動的時候，你會想要將它表現出來，通過你的人文教養，「立於禮，成於樂」，後來達到一種和諧人生的表現。我們說儒學當中，最重要的是實踐，所以就在你的生活當中，多說「請、謝謝、對不起」，做一個「有品」、有禮貌的人，過一段「有品」的生活。

　　我們在這一次國學經典講座的全系列課程中，會一再提及「生命教育」、「品德教育」，以後所有講論的核心思考，也會放在經典照亮我們的生命上頭，《論語》當中所講的，就是一種品德、一種生命之

教，一種生命的學問。最後，我也用《論語》中的這三句話勉勵大家：
「興於詩，立於禮，成於樂。」把這三句話背起來，當成自己的座右
銘，努力的實踐。這樣夫子之道，就會真的與我們同在，我們的人
生，也和夫子同在！謝謝大家。

　　（本講稿由臺師大國文系 102 級黃郁文同學協助整理，筆者重新編修
而成，於此一併申謝。）

國文新課綱的百年思索

一 前言

　　高中國文新課綱，終於在眾人的引頸企盼中，於一〇〇年七月十四日正式發布施行了，這份「百年新課綱」，不僅囊括了教育當局對高中課程、國文教學的發展規劃，更多的是來自第一線執教者的殷殷呼號。從民國八十八年開放民間編寫教科書以來，其間國文課綱屢有修訂，此次百年新課綱的「塵埃落定」，亦標誌著自此之後，國文教學與時代意識緊密接榫的新變新局，是回顧過去傳統國文教學的「百年思索」，也是前瞻未來、創新教學的「革故鼎新」；換言之，國文科的百年新課綱，正是國文教學的百年新生，也是國文課程的百年開展。

　　綜觀高中國文教材及課程變革，自八十八年迄今已有十多年歷史，概括來說，前半部，約是「百家爭鳴的春秋時代」，此為教科書開放之初，各家民間出版社為求爭鋒，各自頭角崢嶸，馳騁其才；極盛時期，約有近十家出版社，參與編寫國文教科書的市場。只是隨著出版社經營及編寫教材的種種現實困境，各出版社參與編寫的科目，亦不斷有所變動更新；事實上，這種現象不只出現在國文教材，換到其他科目也是同樣的情況，有些出版社，出書出到第三、四冊，因不堪長期虧損就不出了，當然更有選修科目課本，出了上冊、沒下冊的情況；這樣的問題，到了九十五暫綱時期，可謂做了很大的洗牌調整。筆者將九十五迄今的此一時間斷限，稱為到「群雄割據的戰國時期」。九十五年出版教科書的書商，至今仍是市場上普遍穩定的書

局，可窺見的是，這些書局亦必參與一〇〇年修訂課綱後的教科書市場。

以上之所以對課綱發展及教科書出版狀況略作說明，實在是因為教科書的使用，不僅和課綱密切相關，同時也和出版書商的經營息息相關，參與出版的書局愈多、競爭愈激切，讀者愈有可能得見編寫更飽滿、更精緻縝密的產品，對使用者來說，這當然是好事。

由初始「百家爭鳴的春秋時代」，到「群雄割據的戰國時期」，截至目前為止，教科書市場已呈現穩定並峙的情況，以國文科來說，出版期程、項目均穩定的有：三民、翰林、南一、龍騰和康熹五家，除了國文課本外，各家出版社均出有相關的補充文選，這些補充教材，不僅直接提供了現場執教者的便利使用，在相當程度上來說，亦彌合了課綱規範選文和大考考題的罅縫。

二　九五、九八及一〇〇課綱簡述

（一）強調語文、文學與人文教育目標

對比九五到九八國文課綱最大的不同，除了制定必選的核心古文四十篇有所調整外，還有「課綱目標」上的變異，這一項變動，必須優先於選文來說。

《總綱》中，將國文列為「語文」領域學科，確定國文為「語文教育」，應「達成本國語文，聽、說、讀、寫之學科能力指標」。且此一「核心能力」指標，亦已經過教育部審核通過，換言之，學習「國文」，必須以當代漢語，也就是一般習慣稱之的「語體」或「白話」文為主。

正是基於此一考量，故九八課綱中對選修科目的開設，仍維持了

九五暫綱中的四個科目，亦即：「區域文學選讀、小說選讀、論孟選讀、語文表達及應用」等四門課。另就範文配置來說，第一冊至第五冊，每冊十三課；第六冊十一課；以及每冊應選一課文化經典教材，分別依次選自：《論語》、《孟子》、《墨子》、《韓非子》、《老子》、《莊子》；每冊應選一至二課古典詩歌、一課現代詩歌，以及各冊課數得依選文深淺長短酌予增減一課的規定。而就選文標準來說，課綱中更強調要著重閱讀「名家文本」，必須具備語文訓練、文藝欣賞及人文素養之價值。除了「語文教育」上的要求外，課綱中同時強調「文學教育與人文教育」，所以不論選文或課程規劃，也都包括了此一設準。

從九五暫綱到九八課綱，在課程目標上的改變，到了一○○新課綱中，更強調落實，故百年新課綱裡，要求各校不論在課程設計或教材選用上，都必須融入「生涯發展、生命教育、性別平等教育、法治教育、人權教育、海洋教育、環境教育、永續發展、多元文化及消費者保護教育」等重要議題，並將之納入相關課程中，以強化品德教育。

另外在經典選文部分，一○○新課綱規定：「每冊應選一課文化經典教材，選材範圍包括：《詩經》、《左傳》、《禮記》、《論語》、《孟子》、《韓非子》、《老子》、《莊子》、《墨子》等。」其中，《左傳》、《禮記》是新錄入者，但因九五以來的課本選文，各家均已有收入《左傳》、《禮記》的相關選文，故此項更動，於總體國文教材之編寫，並無影響。

選修科目方面，百年新課綱則規定：「除以中華文化基本教材為選修課程外，另設選修科目：包括「區域文學選讀、小說選讀、國學常識、語文表達及應用」。也就是說，增設了「國學常識」一門，並將原先的「論孟選讀」改為「中華文化基本教材」，同列在「語文類」的選修科目中。在三年選修課中，每學期一學分，共四學分，並以一學年連續排課為原則。

（二）語體文、文言文比例配置

　　另就語體文與文言文之比例來說，自九五到一○○總體的文白比例，因其文白篇章計算方式的改變，事實上文白比例並無太大更動。另將一○○年課綱之文白比例，列示如下：

百分比 ＼ 學年	第一學年	第二學年	第三學年
語體文	60%	55%	50%
文言文	40%	45%	50%

說明

　　（1）上表所列之範文比例，語體文包括散文、詩歌、小說；文言文包括散文、詩歌、小說及文化經典。

　　（2）上表所列百分比，取其約數，可酌量增減，但以百分之五為限。

　　高中三年六冊的國文課本，共包含七十六課，若按照課綱規範乘以百分比，所得未必都是整數，故課綱中又說，「各冊課數得依選文深淺長短酌予增減一課」，獨依目前所印行出版的國文課本來看，各家出版社仍維持課綱中七十六課的數目，亦即一到五冊每冊各十三課，第六冊十一課，而僅在文言、白話的比例上做調整。事實上，不論文言、白話的增減如何，在總體七十六課的數目上說，其實是影響極小的。茲將文、白比例配置的各種可能，表列如下：

課綱規定	第一學年		第二學年		第三學年	
	語體 60%	文言 40%	語體 55%	文言 45%	語體 50%	文言 50%
不增減	26×60% =15.6 →16 （8+8）	26×40% =10.4 →10 （5+5）	26×55% =14.3 →14 （7+7）	26×45% =11.7 →12 （6+6）	24×50% =12 （7+5 或 6+6）	24×50% =12 （6+6 或 7+5）
語體 -5%、 文言 +5%	26×55% =14.3 →14 （7+7）	26×45% =11.7 →12 （6+6）	26×50% =13 （7+6 或 6+7）	26×50% =13 （6+7 或 7+6）	24×45% =10.8 →11 （6+5）	24×55% =13.2 →13 （7+6）
語體 +5%、 文言 -5%	26×65% =16.9 →17 （9+8）	26×35% =9.1 →9 （4+5）	26×60% =15.6 →16 （8+8）	26×40% =10.4 →10 （5+5）	24×55% =13.2 →13 （7+6）	24×45% =10.8 →11 （6+5）

年段	不增減		語體-5%、文言+5%		語體+5%、文言-5%	
文白比	語體	文言	語體	文言	語體	文言
課數	42 課	34 課	38 課	38 課	46 課	30 課
總課數	76 課		76 課		76 課	

　　以上各種的可能選擇都是課綱所認可的，但有趣的是，不論語體或文言，若增加至最大值，其最大的差異度僅有四課，平均放在總體六冊當中來看，每冊大約半課，故可知增減率百分之五，對全體學習來說，並沒有很大的影響。復次，若就全體的文言課程來看，以維持課綱標準的三十四課為例，其中，文化經典佔六課，古典詩歌佔六

課，古典散文僅餘二十二課，平均每學年七課，一學期三到四課，就文白比例的配當而言，在一學期十八週的講授中，所佔用的時間其實並不多，坊間許多討論語體文應增加，降低文言選文的聲音，實在僅是執著於百分比假象的議題而已，此不得不詳加辨析。

（三）核心選文的變動及增減

　　九五及九八課綱中，分別規範了四十篇核心選文，為各版本所必選，大考中，同時規範此核心選文篇章為 A 級考題，亦即大考中命題比率最高的選文；雖從九五到九八課綱，此四十選文或有變動，但都維持了四十之數；換算成比例，這四十篇文章約佔總體選文的百分之五十三，即至少保障了各家版本，必有大半選文是相同的。

　　到了一〇〇年課綱，核心選文下修為三十篇，開放了更多空間讓各出版社「各自發揮」，此亦是對選文及大考命題核心的鬆綁。茲將核心選文之配當，表列如下：

1 九五暫綱、九八課綱，四十篇文言核心選文比較

時代	課次	（九五暫綱）課名與作者		課次	（九八課綱）課名與作者	
先秦	1	燭之武退秦師	《左傳》	1	燭之武退秦師	《左傳》
	2	大同小康	《禮記》	2	大同小康	《禮記》
	3	孫子選	《孫子》			
	4	勸學	《荀子》	3	勸學	《荀子》
	5	諫逐客書	李　斯			
	6	漁父	屈　原	4	漁父屈原	
	7	馮諼客孟嘗君	《戰國策》	5	馮諼客孟嘗君	《戰國策》

時代	課次	（九五暫綱）課名與作者		課次	（九八課綱）課名與作者	
漢魏六朝	8	過秦論	賈　誼	6	過秦論	賈　誼
	9	鴻門宴	司馬遷	7	鴻門宴	司馬遷
	10	答夫秦嘉書	徐　淑			
	11	典論論文	曹　丕			
	12	登樓賦	王　粲			
	13	出師表	諸葛亮	8	出師表	諸葛亮
	14	桃花源記	陶淵明	9	桃花源記	陶淵明
	15	世說新語選	劉義慶	10	世說新語選	劉義慶
	16	蘭亭集序	王羲之	11	蘭亭集序	王羲之
唐宋	17	春夜宴從弟桃花園序	李　白	12	春夜宴從弟桃花園序	李　白
	18	師說	韓　愈	13	師說	韓　愈
	19	始得西山宴遊記	柳宗元	14	始得西山宴遊記	柳宗元
	20	虬髯客傳	杜光庭			
				15	阿房宮賦	杜　牧
	21	岳陽樓記	范仲淹	16	岳陽樓記	范仲淹
	22	醉翁亭記	歐陽修	17	醉翁亭記	歐陽修
	23	訓儉示康	司馬光	18	訓儉示康	司馬光
	24	傷仲永	王安石	19	傷仲永	王安石
				20	六國論	蘇　洵
	25	赤壁賦	蘇　軾	21	赤壁賦	蘇　軾
	26	上樞密韓太尉書	蘇　轍	22	上樞密韓太尉書	蘇　轍
	27	夢溪筆談選	沈　括			
				23	金石錄後序（可節選）	李清照

時代	課次	（九五暫綱）課名與作者		課次	（九八課綱）課名與作者	
明清	28	郁離子選	劉　基	24	郁離子選	劉　基
	29	指喻	方孝孺	25	指喻	方孝孺
	30	項脊軒志	歸有光	26	項脊軒志	歸有光
	31	晚遊六橋待月記	袁宏道	27	晚遊六橋待月記	袁宏道
				28	陶庵夢憶選	張　岱
	32	原君	黃宗羲	29	原君	黃宗羲
	33	廉恥	顧炎武	30	廉恥	顧炎武
	34	勞山道士	蒲松齡			
	35	左忠毅公逸事	方　苞	31	左忠毅公逸事	方　苞
	36	病梅館記	龔自珍	32	病梅館記	龔自珍
臺灣題材	37	東番記	陳　第	33	東番記	陳　第
	38	裨海紀遊選	郁永河	34	裨海紀遊選	郁永河
				35	望玉山記	陳夢林
	39	紀水沙連	藍鼎元	36	紀水沙漣	藍鼎元
				37	勸和論	鄭用錫
				38	放鳥	吳德功
				39	遊關嶺記	洪　繻
	40	臺灣通史序	連　橫	40	臺灣通史序	連　橫

2 一○○課綱三十篇核心選文與九五、九八核心選文對照表

朝代篇數	課次	篇名	作者	九五、九八 課綱選文對應
先秦 共六篇	1	燭之武退秦師	左丘明	九五、九八
	2	大同小康	禮記	九五、九八
	3	勸學	荀子	九五、九八
	4	諫逐客書	李斯	九五
	5	漁父	屈原	九五、九八
	6	馮諼客孟嘗君	戰國策	九五、九八
漢魏六朝 共七篇	7	鴻門宴	司馬遷	九五、九八
	8	典論論文	曹丕	九五
	9	與陳伯之書	丘遲	新選文
	10	出師表	諸葛亮	九五、九八
	11	桃花源記	陶淵明	九五、九八
	12	世說新語選	劉義慶	九五、九八
	13	蘭亭集序	王羲之	九五、九八
唐宋 共七篇	14	師說	韓愈	九五、九八
	15	始得西山宴遊記	柳宗元	九五、九八
	16	唐傳奇選	杜光庭	九五 （指定篇章〈虬髯客傳〉）
	17	諫太宗十思疏	魏徵	新選文
	18	岳陽樓記	范仲淹	九五、九八
	19	醉翁亭記	歐陽脩	九五、九八
	20	赤壁賦	蘇軾	九五、九八

朝代篇數	課次	篇名	作　者	九五、九八 課綱選文對應
明清 共七篇	21	郁離子選	劉　基	九五、九八
	22	項脊軒志	歸有光	九五、九八
	23	晚遊六橋待月記	袁宏道	九五、九八
	24	原君	黃宗羲	九五、九八
	25	廉恥	顧炎武	九五、九八
	26	聊齋選	蒲松齡	九五 （指定篇章〈勞山道士〉）
	27	左忠毅公逸事	方　苞	九五、九八
臺灣 古典散文 共三篇	28	裨海紀遊選	郁永河	九五、九八
	29	勸和論	鄭用錫	九八
	30	臺灣通史序	連　橫	九五、九八

案：以上表格可另參國文學科教學中心網站：http://chincenter.fg.tp.edu.tw/cerc/

　　以上所說，關於一〇〇課綱的最大變動，除了在核心選文上由四十篇降為三十篇、文白比例的緊鬆幅度變化外，其最值得關注的，還包括將「教師專業成長」加入總綱中，提示各校行政單位及教師個人，必須規劃並積極參與教師增能進修，包括研習、增進教學知能、開發各種教學模式及參與校內外研究，以提高教學品質等。雖此「教師專業成長」的要求，仍僅見柔性提示性質，但可窺見的是，累積時日之後，亦有可能變成校方及執教老師的必然規範，可說是回應了社會、家長，對學校及教師期待的進一步落實。

三　百年新氣象

綜觀百年國文課綱的變化，除了前項說明的變動外，身為第一線的執教者，其實更關切的是，國文教學的方向目標，甚或幫助學生準備大考的策略應用上，是否有其變化？換言之，在前揭諸多討論的面向上，執教者該如何面對新課綱帶來的挑戰或衝擊？

新課綱開始，擔心疑慮固是必然的，但筆者卻必須說，這份百年課綱中隱含的百年思索，實是每一位高中老師「極度樂見」的結果。另說明如下：

（一）國文選修科目取得優先權

新課綱中明白規範：「教學除必修課程外，另設中華文化基本教材，以列為語文類選修為原則。該科目在三年選修課程中，每學期一學分，共四學分，並以同一學年連續排課為原則。」以「中華文化基本教材」，取代九五到九八以來的選修科目「論孟選讀」，且由各校原先的自由選修，改為三年中語文類目的選修課。此無疑是「強烈」的說明了，「中華文化基本教材」這門課必定要開設，等於是間接保障了各校國文科在課發會上和其他科目「搶課」的「優勢」。

「中華文化基本教材」既然必定、必須列為選修，且至少需有四學分，這也表示，在高中三年的學程中，不分類組，必須連續有一至二學年（共四學分）的選修國文。當然就現實上說，這項規範雖有可能會排擠其他與國文相關的選修課程，許多學校開課也很可能不採取課綱規定，另有其他的「變通之法」，不過可以得見的是，不論開課名稱如何，國文科在三年內，都一定會有至少四節的選修課。

課綱中另規定：「國文教學除以中華文化基本教材為選修課程

外，另設選修科目：包括「區域文學選讀、小說選讀、國學常識、語文表達及應用。」此中，「國學常識」一門是新增加的科目，不過因在國編館時期，已有這門課，教師都很熟悉內容及授課模式，施作上並不構成問題；其次，就九十八、九十九年的大考試題來看，國學常識考題，已提前反映在大考中，可以預見的是，這門課亦將是各校開課時，重要的優先科目之一。

當然此間猶不免有疑慮「中華文化基本教材」，與原本國文課本中已收入《論語》、《孟子》單元重複重出，有疊床架屋之嫌的問題。事實上，這個問題是個假議題，本不應該是問題才對。國文課本中收入《論語》、《孟子》單元，早已在九五課程中範定，當時選修科目為「論孟選讀」，許多學校開設選修課，亦同樣開了這門課，當時各家出版社在編寫「論孟選讀」課本時，早已將同一家出版社的課本選文剔除，大考中會考《論》、《孟》，加以經典本身的重要性，鮮有教師不重視《論》、《孟》者，如果彼時開設「論孟選讀」為選修課時，重複重出猶不是問題，何以現在改為「中華文化基本教材」，可揀擇範圍更廣，卻變成問題呢？

另外，教育部初始研定「中華文化基本教材」為選修科目時，社會上亦有許多不同討論，有趣的是，同為高中國文教師也有兩套完全對立的看法，難能化解；本文因僅針對一○○課綱中的規範立論，便不再敘述爭端始末。其實，課綱訂定「中華文化基本教材」及「論孟選讀」二者的內涵設準，本有不同，片面斷裂的思考，不過流於各說各話的「意見」而已，關乎此，因需花費大量文字說明辨析，於本文所論蔓衍太多，擬不再說明；另，有關二者授課方式及課程核心之比較說明，亦另待他日專文分析。

（二）由淺入深，漸進學習

　　新課綱中，恢復了國編館時代的選修科目「國學概要」，關乎此，必須和國文課本的編寫方式扣合一起來看。八十八年開放民間編寫課本以來，課次安排隱含有一文學史發展的脈絡，範文選列採取唐、宋、明、清文章放在第一到四冊，先秦、兩漢文章放在五到六冊的編寫方式。原先的設意是，盼望教師在講讀範文時，一併說解文學流變及重要的國學概念；獨其理念用心雖佳，在實務操作上卻不容易執行，特別是高一學生，剛從國中升上高中，各項生活均難適應，即於每名學生自以為熟悉的國文課，也不再像國中那樣容易辨讀，老師必須花費更多的時間說解課本中的各項欄目，甚至包括題解、作者中，敘述較精審的文字，都必須逐一說解；換言之，即使課本作者、題解欄中，所寫是白話文的句子，學生卻常會看不懂，教師必須再加解釋分析，讓學生漸次適應高中課本的用語準據、文學表現等，若此時又加入太多文學史、思想史的說明討論，或是加入太多引申與辨析，對初學者來說，未必是有效有益的學習。問題就出在，若教師將原先課本置入的文學史概念，全數抽繹出來不講，有些範文中所涵攝的文學史觀念亦不重出，錯過講讀本課範文時不講，以後也沒機會教到了。職此，隱含有文學史流變的方式來編選課文、安章定篇，併同文學史流變來講解授課，設意雖好，在執行上，卻有相當程度的困難。

　　自九八課綱開始，至目前的一〇〇課綱，已改行採用以課文內容的淺深來編寫，盼望由淺入深，逐步引導學生認識文本；因為是依課文內容的淺深短長來編寫，已不具備文學史的脈絡了，為了盼望學生仍具備對國學基本常識的認識，故開設「國學概要」一門課以為補足，且在一〇〇新課綱中，正式施行運作。「國學概要」另以一節課的時間補強說明，可有效的處理課程中未能充分展開說明的國學常識，諸

如語言、文字等訓詁概念的補充、新文體萌生的背景說明、國學分類的演變等，都可在此課程中獲得理解，雖則「國學概要」的內容，甚難避免枯燥繁瑣，但以此課程作為語文知識、文學、文化背景的補強，卻不啻是很好的接榫。

四　結語

百年課綱出爐，不論在選修科目的配置，或國文課本本身的編寫方式，看來似回到了國編館時代的老路，但筆者必須指出，懷抱這種強烈懷古、懷舊的心情或許是可以的，但在實際進行課程操作上，卻必須另開新貌；因為時代轉換，新的問題意識產生，徒守舊調舊說，顯然已難回應時代需求。

高中國文教學，本已包含語文、文學與人文諸多面向，透過範文講讀，提升學生在前揭面向的表現，是每一位高中老師所關注者；此中，如何有效達成目標，自亦是教學施力的重心所在。關於提升學生能力，又可分為兩項來分析：

（一）引領面對大考的準備

不可諱言的，高中學生經過三年學習後，最重要的關切之一，就是考上心目中的理想大學。國文課綱改變，會不會影響應試方向呢？更準確一點來說，由四十篇核心古文降為三十篇，那麼課綱所「割捨」的十篇，到底要不要教？會不會考呢？

就選文來看考題配置，新課綱中的三十篇選文，當然仍是大考中的 A 級選文，為所有版本所共同收錄者；但除了此三十篇選文外，也還有許多各家都選的 A 級選文，同屬於命題機率高的選文；一〇〇課

綱中所割愛的十篇文章，無論其重要性如何，各家出版社都會在新課綱實施後，「很技巧」地收錄在各家出版的補充教材中。以南一版為例，這些單元會全數收錄在《I閱讀》中，國文教學本在範文講讀外，還包括文學、文化名著的閱讀指導，教師擔負指導之責，將部分篇章列為學生自學項目，要求學生撰寫閱讀報告，自行延伸、研深閱讀，是實際可行之法。

當然，由課本選文內容來觀察，亦有諸多篇章正逐漸從總體課程中退位，比如曾鞏的〈墨池記〉、蘇轍的〈六國論〉，向來為高中教師所喜愛，但因不選入四十篇，亦不入三十篇，是否仍有機會引領風騷，作為大考考題，值得觀察。

另就語體文來說，課綱中明訂：「每冊均須應收入一課現代詩歌」，可知現代詩必是大考命題重點所在。又，語體文中，又以「臺灣新文學作家之作品為主（應包含原住民作品），兼及世界華文作家作品、翻譯作品與文學敘述，並酌採古代接近語體之作」，故可知，現、當代文學作家，包括原住民的作家作品，仍是命題焦點所在。值得再一提的是，分析近五年來的大考試題，語體文的考題佔總題分的百分之五十以上，擴大閱讀範圍，當是每一名教師須再再叮嚀學生之處。

（二）拓深文學與文化觀照

國文教學雖與英文、選修外文等，同被歸屬為語文類科，但畢竟和其他外語教學不同。對比於其他語文科目來說，國文教學偏向價值層面為多；其他外語則應用的層次更多些。但這並不是說，國文教學不重視應用或忽略應用之意，而是說二者的對比，在其偏重比例及教學重心有別。

　　透過國文教學，讓學生發現傳統文化底蘊，抽繹其可參與當今生活世界的價值，是閱讀經典的可貴之處。我們一方面講授研習經典，一方面「批判地繼承、創造的開展」，從講習經典、閱讀範文中，尋索意義、挺立價值，這便是人文化、發現與探索的根源性工作，臺灣學生參與世界舞臺演出的創造力，也由此處產生；因此，國文教學不獨是一場浪漫文學的演繹，更是一份文化理想的朗現，當今世界大談閱讀力提升，並將閱讀力直接等於國家競爭力，其意便在此。

　　回到百年課綱來說，新課綱所提供的百年思索，便是如何在「批判地繼承、創造的開展」中，繼續研深、研精，提供現代生活養分。從應試的操作面上說，文白比例、核心選文的變動，並不足以改變國文教學的主體；而從意義價值的挺立上說，一個理想的國文教學，本已包含理解與應用，透過意義的理解掌握，賦予新的詮釋與開創，參與生活世界；由是，則此一關乎國文教學、國文課程的百年思索，便不僅止於百年為止，而應由百年的此刻，繼續不斷延續展開。

多元議題融入經典教學示例
──以甘肅慶陽一中及臺北市南湖高中為例

一　前言──生活不能只有「臉書」

　　許多執教於第一線的國文老師，常會慨歎國文教學沒有「市場」，因為人人皆有學校可讀，人人也都能在臉書、博客上寫點東西，國文做為一門知識學科，似乎在學習上應不困難。弔詭的是，學生的語文能力普遍低落，不僅考科分數不佳，臺灣學生在全球 piza 的閱讀指標表現上，亦見遜色；其根本的困結，就在許多人不明白生活語言和知識語文的界線所在。

　　能與人順暢交談，以口語表達想法，這是生活語言的應用；能理解文本內涵，寫作流暢甚至優美的文章，這是知識語文；當然，國文教學除了語言、語文、文學的層次外，還有文化的層次，講授文言文、國學經典，當然是偏重在「語文、文學、文化」層次。回過頭來說，只會在 FB 上打卡、按讚的，自然是生活語言中極低層次的表達。

　　就傳統的經典教學來說，強化傳統經典吸睛的亮點，自是開闊經典教學「市場」的做法之一，但更重要的是，經典之所以能被保存流傳，在任何時代中發光發亮，是因為經典本身，具有跨越時空的積極性、有效性和實用性。

　　我們生活的世界，是一個語言的世界，閱讀、理解文本，不僅是幫助學生培養、建構面向未來生活的洞察力及適應力，在理解、詮釋的同時，其實也包含了應用；或者說，理解、詮釋本身便是一種應用

的實踐。閱讀、詮釋文本,總是為了回應時代,此中,不論語體文、文言文或傳統經典,都共同包含了與現代生活接榫、對話的可能,職是之故,本課程設計的重點之一,便以融攝當代議題,表現時代意識為核心,因為如何有效地響應多元時代、面向未來多變的世界,不僅是語文課程設計,甚至是任一時代中的知識分子必然關切的重點之一。

強調多元議題融入經典教學,課程設計的方法學基礎,係採用伽達默爾(Gadamer, Hans-Gerorg, 1900-2002)「哲學詮釋學」中「理解、詮釋與應用」的合一概念而來。按照伽達默爾的觀點,詮釋學包含了一種開放的「問答結構」,文本的整體表現出一種意義視域,一種意義活動空間,一種世界,如果我們解釋某個文本,我們也就開啟了文本得以運動的意義整體或意義活動空間。通過詮釋學經驗,我們和文本的視域得以相互對話聯繫,因此理解始終是一種「相互的理解」,是「我向文本」、「文本向我」的提問回答和對話。任何一個傳承物,在每一個新時代中,都面臨新的問題和具有新的意義,傳承物透過不斷更新意義表現自己,對新問題做出回應,我們的解釋,便在每一次「視域融合」(Horizontverschmelzung / fusion of horizons)的歷史過程中不斷展開。此一對話理解的展開,不僅是闡明或揭示真理,也是對現時存在的回答;因此,伽達默爾說:「理解就不只是一種複製的行為,而始終是一種創造性的行為」、「如果我們一般有所理解,那麼我們總是以不同的方式在理解,這就夠了」。放在課程設計上說,正因文本作為一個傳承物,在每一時代中表現其自身,透過合適的範文揀擇與理解詮釋,對文本的理解詮釋,便不只是對歷史、過去事物的修復,而是對現在、當下的提問和回答。只要我們探究文本中所呈現出來的語文、文學與文化價值,對這份對價值真理的探究,也就迫使我們去進行價值意識的反省批判或重建。

從課程設計上著手,將當代議題融入範文講讀,因作者、文本、

讀者的「視域融合」而步步走向真理，如此的課程設計，便是如何在「批判地繼承、創造的開展」中，繼續研深、研精，提供現代生活養分。另從價值挺立上說，一個理想的國文教學，本已包含理解與應用層次，透過意義的理解掌握，賦予新的詮釋與開創，參與生活世界，這樣的課程設計與詮釋應用，便不是一份平鋪的理解，而是由「入其壘，襲其輜，暴其恃，而見其瑕」，能經由不斷反省批判，而能創新重建與生長，此一隱含著引導、反思基礎的課程設計，也是型構、育成自家生命的過程，故是理論建構、概念應用的，當然也是理想實踐的，筆者更盼透過各種不同指標意義的國文課程設計，得以說明並證成國文足堪扮演人文學科核心，在通才識見的養成培育上，更具有關鍵地位。

本課程擬以「性別平等、生命教育、品德教育」三項當代議題為核心，進行多元議題融入經典教學的課程設計，其中「性別平等、品德教育」是基底，亦即「分殊面」，「生命教育」為統攝前項議題的「總集成」，期以「教師為主導、學生為主體、設計為主軸」，運用「以讀帶寫」的閱讀寫作策略，以提升學生在閱讀理解、詮釋應用的表現。每單元安排若干延伸閱讀單元，以強化、深入主題內涵，講讀範文安排係採取文白對讀方式，穿插若干教學活動，全體選文中，涵括傳統國學「經、史、子、集」四部，文言語體比例、男女作家比，約百分之五十五：百分之四十五。

二　課程內容設計

筆者於二〇一二年暑假，赴甘肅慶陽一中進行一系列的「國學經典閱讀與詮釋」講座，便係採行多元議題融入經典教學之設計方式。

其中，個別主題均已屢次在臺灣的高中課程中施作過，故筆者此行之重點，除開闊個人視野，宣揚經典理念外，更在觀摩對岸師友之日常教學，盼望透過此次長時而深入的實地考察，敦促兩岸在經典教學上，互通聲息、彼此進步之期許。

甘肅慶陽一中為當地最富盛名的第一高中，每年的高考升學率，均為全省之首。講求升學率良窳，向來是大陸中學辦學績效的重要指標之一，此次慶陽一中積極而有意識地，在僅重視升學率的教育氛圍中，引進不同的教材教法，盼望給予全體師生不同的刺激及學思視野，不僅為當地創舉，此難能可貴的慧見實踐，亦不啻為兩岸師生在國文經典教學上，開啟了一扇相觀而善的窗口。

本講座課程共有十一講，其中十講主要是針對學生在經典閱讀、理解詮釋、語文表達等各層面，展開論述及說明。此間，包含對學生的起點行為分析、期中評量習作、期末評量暨教學省思等；第十一講，是針對語文課程的規劃設計，與全體語文老師交流分享。

茲將本課程規劃暨議題融入方式，表列如後：

	範文講讀	融入議題	國學分類	文學主題	教學活動	延伸對讀單元
1	經典的照亮——《論語》選	品德教育、生命教育	經	古典散文（哲理哲思）	交會時互放的光亮（起點行為分析）論語大富翁	林安梧〈經典是一個生活世界〉論語、孟子概述（南一版）
2	交談與對話——《孟子》選	品德教育、生命教育	經	古典散文（哲理哲思）		論孟經典精句背誦

	範文講讀	融入議題	國學分類	文學主題	教學活動	延伸對讀單元
3	老子與現代生活──《老子》選	品德教育、生命教育	子	古典散文（哲理散文）	我 vs 你	蔡志忠《老子》動畫
4	水平思考法──《莊子》選	品德教育、生命教育	子	古典散文（哲理散文）		
5	典型在夙昔──《史記·刺客列傳·曹沫》、〈五柳先生傳〉	品德教育、生命教育	史、集	古典散文（傳記文學）		〈鴻門宴〉、《賈伯斯傳》
6	乘著書本的翅膀去旅行──〈湖心亭看雪〉	品德教育、生命教育	集	古典散文（旅遊文學）	夢想起飛卡	張岱《陶庵夢憶·序》、余秋雨《文化苦旅》、《享受吧！一個人的旅行》（電影）
7	愛是什麼？──辛延年〈羽林郎〉、李白〈長干行〉	性別平等、品德教育、生命教育	集	古典詩歌（女性自覺）	告白、感恩與祝福卡	《詩經·蒹葭》、張愛玲〈愛〉
8	經典中的愛情學──《周易》〈咸〉、〈恆〉卦	性別平等、品德教育、生命教育	經	古典散文（兩性互動）		《周易》概述
9	常與變──瘂弦〈歌〉、余光中〈雨聲說些什麼〉、廣告	生命教育		現代詩、感官文學、視窗閱讀、廣告文學		瘂弦〈秋歌〉、白居易〈琵琶行〉

	範文講讀	融入議題	國學分類	文學主題	教學活動	延伸對讀單元
10	掌燈為照後路人	神思瀟落・記錄生活——語文讀寫能力與人文教養 （燃燒心中的小宇宙——本課程教學省思暨對話）				
11	鴛鴦繡出從教看，更把金針度與人	語文課程規劃與設計應用——教師社群專題討論座談				

　　慶陽一中將筆者參訪月，定名為「國學經典學術交流月」，除相關人員細緻的先期籌畫外，講座課程並由三部攝影機全程錄影，每講座課程，均採公告公開方式，讓周邊友校及當地的教育文化主管人員，自由報名參加；同時，為不耽誤學生平日正常的學習，本講座課程均安排在課後或週末進行。

　　因場地故，慶陽一中原本安排高二兩班學生及任課老師出席聆聽，後來友校教師及他班學生參與的愈來愈多，幾乎把可容納三百人的階梯教室塞爆，有幾次更是人滿為患，教室後門全數站滿了聽眾，不僅教育局局長、科長及友校校長、領導均多次出席，許多非國文科的師長們，甚至帶著家眷每晚來參加，讓筆者十分動容。為避免參與人數無法控制，影響講述品質，校方只好開放各班教室現場直播，其他各方師友們，除非已報名者，否則只得委屈大家無座聆聽。筆者除再三向慶中致謝感恩外，對彼岸學生、師友在學習上的熱忱，亦深感敬佩。

三 對兩岸教育行政及教學之觀察

透過課程安排，筆者將試圖指出，一個「有意識」的經典教學課程設計，以多元議題融入教學，不僅可有效提升學習興趣，促進學生讀寫能力進步；亦可實質有助於國文及其他領域的學習；而國文經典教學，不僅是生活實踐的、永續生長的，同時也具備了開啟創意、生命智慧的向度。

以下筆者將針對此次參訪講學之所得及觀察，另做說明如後：

（一）校園環境

慶陽一中於二○一一年八月遷校至現址，校園中綠意盎然，枝葉扶疏，校方刻意設置的廣場、步道，都深具人文氣息。草坪中時有刻石銘記，其上多刻有儒家經典語錄，如：「深思」、「教學相長」、「博學篤志」等；道路名為「大任路」、「勤業路」、「修齊路」，其旁的草坪，有「請您腳下留留情，小草寶寶謝謝您」、「綠色自您手，美來自我心」等標語。道路兩側綠柳垂楊，學生公寓前合歡列隊，季節遞嬗的冬日，則另有櫻花步道，優美悠然之景，令人醉心，可以說為師生安排了極好的工作與學習環境。

校園內腹地廣大整潔，各處均設有現代化的「分類式」垃圾桶，為可預期的環保工作預作準備。平日除有學生負責打掃落葉外，校方亦另行聘任清潔人員協助整理花木，可以說，在「境教」的設置上，至為用心。

其他如體育館、操場、自習室、教室亦採現代化設施，同時，由於慶中長期被遴選為全省考場之故，每一間教室內都設有監視器，便利舉辦大考時中央監控之用。這些監視器，平日則支援協防校園安全

之用，在現代化上，有一定程度的規劃。另外，由於甘肅地區氣候乾燥，水源缺乏，故在生活用水上，校方亦多所考慮，廁所、灌溉用水均有特意節約管制；師生的飲用水，則另行購置桶裝水，以維健康；但以慶陽市來說，最乾旱季節的分區停水，至多亦不逾四十八小時，並不至於造成學生在校時的過大影響。

對比於筆者所服務的南湖高中來說，南湖高中的硬體設備，向來執北市牛耳之一，不僅運動中心具備相當規模，平日教師在校內健身房、韻律教室、室內球場運動，游泳池游泳，烤箱設備一應俱全，教師人人均配置二十一吋桌上型電腦，並預留若干筆記型電腦以供臨時借用，可說設備周全。可惜不論教師或行政人員，大家的工作都很繁忙，除了刻意空下時間的教師社團活動，如瑜伽社、太極拳社外，運動中心全是學生打球、運動的好地方，難能見到教師身影。南湖高中樓高九層，是全臺北市地坪最多的高中，校園中最著者，是馬賽克壁飾、景觀造景，由於地處臺北市中心位置，校園內的綠意都是盆栽，或有班級師生共植綠葉香草等，形成一種都市的況味。

（二）行政團隊及師生互動

慶中學生多數住校，在校時間很長，老師們輪值幫學生輔導或看晚自習，學生規矩有禮，都會主動招呼問好，平日時見老師們在樹下溝通意見，學校的行政人員也常常在校園間散步巡查，於「走動式領導」可說極為落實。非常特別的是，筆者有數次均見校長和一群副校長、主任們，在石桌涼椅前閒聊討論，很有魏晉時風，總讓筆者饒感興味。老師們工作餘暇，會一起打球、偕伴回家；有幾次無意在校園中和師長們偶遇，筆者便順道和大家一起用餐，同事間相處親切溫潤，很有一家人的感覺。

　　據該校校長竇興文先生表示，他的走動式管理，其實是在校園中「備課」，重點並不在管理，因為慶中校園土地面積大，他到處走走，僅是為了發現校園中是否還有其他不足的考慮，僅僅如此而已。在行政管理上，他採取分層負責方式，用「年級組」為核心，以「二級式」的扁平化管理，取代傳統「校長、部門處室、班級」的三級式領導；讓各年級組織成一個嚴密的單位，直接向學校和校長負責，如此，不僅可藉由津貼補助及行政經歷，激勵教師及行政人員不斷進步，對校長的角色扮演來說，也因層層分工，讓他更能以和諧多元、尊重開放的方式，鼓勵並刺激各年級的教學行政效率提升，基本上說，目前慶中班主任（導師）的產生，及各年級主任、領導的遴選，多年來，已呈現良性循環狀態，這倒不是肇因於他個人的領導如何，而是慶中師生共同參與、共同付出的結果。

　　幾次課程下來，開始有學生主動邀筆者共進午餐、談話，學生對學校的管理規劃，支持度很高，也很喜歡自己的班主任、老師，雖然上學不免需要受到規範，但多數都表示慶中校園優美、老師認真、學習氛圍濃厚、管理適度等。在期初起點行為分析的學習單中，有數名學生寫著：「校長讓我們保有個性、保持思想的自由、校園民主開放」，顯見學生對校長的支持與感謝。學生也會言及班主任及語文老師的小祕密，例如：老師的偶像是甘地，因遲到而致電班主任求情時，老師也不會多加苛責等，顯見慶中老師和學生很親近，亦能在寬嚴相濟中，執行管教之責，的確是學生的倚靠和模範。

　　對比於南湖高中來說，南湖的老師多數都很年輕，熱情有活力是我們的優點，舉凡學生的活動，老師幾乎都會參與，但因學生自主性很高，教師多僅採取協助角色，活動則由學生主導。

　　南湖學生除體育班需要集訓外，其他學生均不住校。學生上學須穿著制服和校服。以筆者擔任導師（即此地之班主任）來說，本班的

生活管理，諸如遲到、繳功課、交班費、打掃等，都由學生自己討論
規範並管理之；筆者偶然也會在學生做不好時介入管教，甚至訓斥，
但犯規的人數並不多，因為學生都明白，違紀被教官、糾察登記後，
操行分數會被扣分，曠課也會被扣分，違規被處罰公共服務時，也都
盡量甘願去做，俾便改過銷過，因為規範很清楚，生活管理並不妨礙
於師生互動。學生遇有感情、學業、人際關係困擾，也常向筆者傾
訴，校方也會提供教師幫助。兩校在學生生活管理及師生互動上，多
有接近處，基本上均採尊重接納、活力進取的鼓勵方式，期待學生的
各種可能。

（三）兩岸學生的學習能力

　　筆者此行主要執教的班級是慶中成績優異的「尖子班」及「奧賽班」
學生，每年兩班學生的高考結果，除必然出現全省文、理科狀元外，
全體學生的平均，也都能應屆考上九八五及二一一高校（即全中國大
陸排名前項的大學）。獨因學業競爭激烈，學生對知識的熱望，及對
課業的努力程度，遠逾筆者想像，但也因學生心心念念者均為高考，
功利性思考及憂慮疲累感深重，本課程既不直接為大陸高考而服務，
不免令學生略感失望。筆者因之加入臺灣大考的寫作題，以為期中評
量，藉以提高學生的參與度，並導正觀念。

　　以下針對本課程內容，對比兩岸學子的學習情況，再詳加說明。

1 講座主題設計

　　本次課程計有十一個主題，分別已如前述，除欲揭櫫古代經典的
現代意義，提供現代生活養分外，筆者更盼望，通過這種「批判地繼
承、創造的開展」，以強化、深入多元主題內涵，故每單元均安排若

干延伸閱讀單元，培養學生的自學能力，而在講讀範文時，則採取文白對讀方式，並穿插若干教學活動，盼望能透過作者、文本、讀者的「視域融合」，多元議題融入語文教學的課程設計，以有效提升學習興趣，促進學生讀寫能力進步；同時，此一多元向度的課程展開，更有啟於學生學思視野之深化，可提供不同學門間交輝的可能。

根據學生及參與教師的期末回饋顯示，筆者所設計的各個單元，幾乎每單元都各有支持及喜愛者，頗令筆者驚艷欣喜；若勉強選出較受歡迎者，學生多數選擇「旅遊文學」、「樂府（現代）詩歌」、「老子」及《周易》，此處大抵與臺灣近似，顯見活化經典的教學方式，更容易讓學生接受。儒家傳統經典《論》、《孟》，兩岸課程中均有收錄，雖於經典詮釋及深入的把握或有不同，但由於學生接觸較頻繁，兩岸學子也都容易誤認為，自己已有相當程度的認識與理解。

臺灣的高中國文課綱，自二〇〇六年起，已明定每冊必須選入一課「國學經典」選文；自二〇一一年起，更將原本選修科目中的「論孟選讀」，修訂為「中華文化基本教材」，更加積極、而有意識地加深、加廣《四書》教學。除了在中小學階段，國文老師會要求學生背誦經典外，民間也有許多推動讀經、講習經典的團體，關於經典教學的工作，可說是具體落實的，此其長也。學生自小對經典不陌生，若有機會加入多元多方的創意思考，亦可將經典文化中的內涵，轉譯為其他領域的能量產出，如筆者協助指導學生製作動畫影片、圖卡，融入《莊子·逍遙遊》中「鯤化為鵬」、「有待無待」的理念，用現代化的方式，表現他們個人的專長，學生也都覺得學習國文很有用、很開心。此是臺灣軟實力、文創產業的奠基之源，亦是由臺灣走向世界的窗口，創意思考、活潑自由、多元尊重是臺灣學生的優勢所在。

2 教學活動參與

　　由筆者所安排的教學活動看來，「視窗閱讀」、「告白與感恩」等活動式設計最受同學們支持，其次是「論語大富翁」、「旅行的夢想」。

　　以「論語大富翁」動畫遊戲軟體來說，此為南一書局規劃設計而成的電腦遊戲。遊戲人物預設有孔子、顏淵、子路三人，學生可自由分組選角。遊戲內容採大富翁方式，執骰子行進，還有命運、機會牌，其中牌面的問題設計，均取材自《論語》的衍生問題，包含經典文本解讀、國學常識、生活應用等。筆者運用此一軟體，請慶陽一中國文老師和該校學生 PK 競技，師生同樂共學，果然受到現場熱烈歡迎。需再補充說明的是，此一遊戲，全部過程，至多僅需花十分鐘時間，操作簡易，卻很容易能引起學生的參與及興趣，可說實際而有效能，獨其部分典故，必須講授完全本《論語》方容易答對，該軟體已設定文字解答，以補強說明，教師可在進行遊戲時，順讀解答，並交代以後會再詳細講授，學生即若答錯，倒也不致影響邊遊戲邊學習的興趣。

　　另以「視窗閱讀」為例，筆者選播〈享受吧，一個人的旅行〉影片欣賞（大陸譯作：〈永遠做女孩〉、〈美食、祈禱、戀愛〉）」，為「旅遊文學」之補充閱讀。本片亦同時出版同名專書，可為補充選讀。故事內容在講述一名美國女作家，因無法突破個人的寫作瓶頸，遂在遭逢感情事業困滯時，決心放下眼前富裕生活，到國外尋找生命的意義。她先後到過義大利、泰國長時居住，透過旅行、閱讀、學習不同的語言文化、認識新朋友、禪修等，最終重獲新生，回歸自我，又回到紐約寫作。本單元因安排在講座前期階段，學生表示，雖甚喜愛這類活動，但因耽心受到別班同學嫉妒、看電影太耗時間，無益於大考等，真正閱聽時，多難放鬆心情。筆者原先盼望達到「寓教於樂」的

目的，也因罣礙太多、放鬆太少，而無法達成，筆者原先盼望學生收益的思考向度，亦難獲表現，是其憾處。

這個缺憾在課程最末，筆者進行南一版「余光中說詩評詩」及「廣告文學」時，明顯看到改善。學生在生活中受到媒體的影響雖多，但始終未能進一步獲得學習的方法與養分，加以學生與家長均誤以為視聽媒體無益於高考，或許也是造成此類課程不易操作的困陷所在，實則，運用適當的教學媒材，不僅有助於啟發思考，更可調解學生課業壓力，此或可經由教師的專業說解，予以調整開啟。

回到「影片欣賞」之例，筆者在本活動中，先引導學生觀看本片的主題及對白，然後請學生在觀賞完畢後，寫下本片的核心主題及經典金句。

慶中及臺灣學生多有一致看法，兩岸學生均以「上帝在我身上的體現就是我」、「不要用你的眼看世界，要用你的心」為首選；「有時候因為愛而失去平衡，也是生活平衡的表現」為次；顯見自信、愛情、培養思考力，皆為兩地學生所關注者。南湖高中及輔大學生因為受到較多的文化刺激，「每個城市的人都有他的風格」、「無所事事的快樂」比例極高；慶中學生則更多言及憂慮滄桑處，多選擇「什麼都會散架，只有親情不會散架」、「人間正道是滄桑，經歷滄桑是好事，滄桑帶來改變」，顯見對生活的憂惱。

總括本活動而言，大陸學生顯然因學業壓力太大，閱聽時無法放鬆心情，開闊思考，故仍不免落入尋常桎梏中，雖亦有對未來、對知識的渴望，但更多是來自家庭親情、生活現場的憂心，兩班學生均未見「多元文化、種族意識、飲食生活」向度，顯見人文圖像尚有待建立。

在課程進行到中段的「告白與感恩」活動中，筆者請學生利用課堂上的十分鐘時間，寫下個人的祝福與感謝，然後隨機抽籤，請學生兩兩上臺彼此交換卡片，並向對方誦讀個人的祝語。慶中學生一般較

為害羞，表情靦腆，但均盡力表現；所書寫的文字亦多見精緻有味，接近偈語格言性質。特別值得說明的是，當日活動中，慶陽市教育局書記及慶中書記石峰先生，也被抽到要到臺前「告白」和「被告白」，臺下師生一片歡聲雷動、樂不可支，為本活動締造了最高峰。

對比來看，臺灣學生多已習慣大方表白，所書寫的文字則較自由鬆綁，接近口語，臺灣學生多會表示，謝謝老師給我們有趣的、認識同學的方式。因為臺灣的老師平日已常常被學生「玩樂」，學生若不意抽到老師寫的「告白祝福」卡片，也常在嘻嘻哈哈調侃中帶過。簡言之，陸生情切言美，臺生情真言實，此為本活動趣味之處。

除活動單元外，本課程中尚安插若干動畫影片及圖照解說文本，亦受到學生相當程度的喜愛，學生多表示新奇有趣，有生動化經典的作用。如《論語大富翁》遊戲、《老子》動畫、余光中先生訪談、周杰倫 MV 等，學生均表歡迎。類似的解說方式，在大陸語文教學上的操作機會較乏，學生對影音媒體雖甚喜愛，卻總受限於老師、家長的壓力，以為無助於學習表現，此為兩岸之大不同處。

臺灣學生不僅十分熟悉各種影音媒體，平日上課時也常會主動向老師們推薦，筆者甚至有學生可自製動畫，自行剪輯影片配樂，本課程中的部分 ppt 底圖，搭配《莊子》單元的動漫，皆為筆者的臺灣學生所繪製，獨此處因兩岸生活條件有別，臺灣學生來自東南亞、歐美的文化刺激較多，加以臺灣社會強調多元學習，臺灣學子常有各項與考試成績未直接相關，卻令人驚豔的長處；不足的是，臺灣學子因為不以大考為求學唯一目的，自然在功課成績的自我要求上，平均來看，明顯不如大陸學生。

3 語文表達應用及寫作練習

此外，為明確得知受教學生的學習品質，訓練學生判讀資料及表

達能力，筆者安排了一次書札及一次寫作練習。書札練習類似做讀書筆記，全體學生的表現尚符合高中生綜合面向。獨兩班學生，不論資料整理歸納或辨析的功夫均明顯不足，原因恐是多方面的，筆者此行短暫，或可待日後再為考察。

筆者同時採取臺灣大考模式，請同學們寫一篇命題作文，「生命中最美的時刻」。閱卷方式亦採臺灣大考方式進行，分為三級九等第，各擇定若干以為標準卷，先進行第一次初閱。本次作文回收，共計有兩班一百一十份作文，為使學生具體有獲，筆者再進行二次章句性質的點評詳閱。

全體閱卷結果：A-C 級分別佔全部的百分之十六、百分之五十五、百分之二十九左右。其中頂標佔百分之四，底標佔百分之二十。多數學生不明白應試規範，是導致低標人數過多的緣故。就習作形式上言，普遍入題太慢，鋪墊太多，段落安排未當，是其缺陷；另就取材及內容思想而言，情溢乎辭，生活經驗匱乏，感受不真實，是其遺憾。部分表現優異同學，亦見學習過程之努力，詞采內容俱佳，顯見平日閱讀已有一定累積。特別值得說明的是，講座課程中的經典文句，筆者授課時所說的話語，包括電影中的名言佳句等，均被寫入學生作品中，顯見學生的學習效益，有刺激即可有所進步，筆者亦感欣慰。

南湖高中學生面對大考的心態，對比於慶中學生而言，明顯輕鬆愉快許多，學生因為平日遊樂活動多，對課本的喜愛度較乏，但也因娛樂活動、各種刺激較多，一般易見其創意思考及個人主張，特別是學生愈往高三、大一接近，隨著年歲增長，學生強烈表達自己的渴盼更強，適度的活動單元具有滿足學生表現自我，增強信心的作用，教師扮演指引者、陪伴者的角色，成效往往也令人驚豔。當然，作為高中老師，管理管教亦有其必要，成長中的青少年，叛逆心強，此時不

妨師生共同討論出遊戲規則，釐訂雙方的責任義務，在教師、學生、學校、家長的四維共構中，取得互信互諒的溝通理解，親、師共同陪伴學生成長，是臺灣教育目前較常使用的模式之一。

4 講座課程回顧與前瞻——教學省思

特別值得說明的是，和「旅遊」、「愛情」相關的主題設計，如：旅遊文學示例、視窗閱讀「一個人的旅行」，「《周易》〈咸〉、〈恆〉卦」、「樂府詩」得到學生極高度的支持，施作活動中的「感恩與告白」幾乎獲得全體學生的肯定，學生多表示，收到來自陌生人的祝福，感覺很喜悅溫暖。首講《論語大富翁遊戲》，亦因師生互動及筆者的帶領，發現經典原來可以如此有趣。

學生在本課程最後，送給校長的謝卡中，寫道：

感謝小豆（竇興文校長），感謝慧儒（慧茹），原來文化經典可以這樣理解，原來知識可以這樣傳授，真令人大開眼界。

感謝親愛的竇校長，讓我們得以與王老師相見。

經典是用來被幽默的，領導是用來調侃的。學生是來尋開心的，知識是要被在笑聲中融記貫通的。竇校長只請來了一個老師，卻改變了一群人的價值觀；王老師只上了十節課，卻重塑了我以後的軌跡，衷心感謝校長先生！

竇校長是我們的貴人。

感謝竇老師，讓我們擁有這一次珍貴的機會聆聽經典。

我們將會與孔子同行，與孟子共勉，與老子攜手，與莊子共舞，傳承文化經典。

凡此，皆可顯見學生的愉快感受。活動中，兩班學生亦同時表達對筆者的感謝，並致祝福。學生在期末回饋單中更有以下表示，其在學習情緒上的鬆綁已歷歷可見。

親愛的小慧慧，我一定比小豆子更愛你！

老師，你好帥！

我不敢保證（手機）號碼不換，但我保證對您的崇拜不變。

謝謝您飄洋過海以經典和我們相遇。

四　兩岸教師的專業素養

中國大陸的中小學教師採行分級制，教師可透過各項升級門檻，自我精進教學內涵，此是鼓勵教師自我成長的管道之一；不同級別的教師，薪資收入亦各有不同。臺灣目前薪點計算，採取年資及學歷分級制。在教學上，依常情常態來看，臺灣需仰賴教師投注個人的熱情處更多。兩岸教師相同的是，每學期、學年，都必須參與各項研習，研習過後，甚至還必須參加檢測，驗收成果；不論課程內容、分授的年級班別，均交由教師專業主導，此為兩岸共通處。

雖然在筆者任教的過程中，教師和學生的優異表現，均無法從物

質上得到回饋，但幸運的是，筆者在所服務過的幾所學校中，總能找到許多聲息相通的師友，透過同儕互動，交流對話，共同施作籌辦各項教學活動、組織讀書會、教師社團，常讓我們樂在其中，覺得自己是有價值的人。校方不以教師個人參賽得獎、或學生大考成績，為唯一的考量標準，而多採取鼓勵或協助性質，讓師生有多元創意的產出，嘗試各種在教學上的可能；但缺點是，因為強制力弱，在教育政策的推動上，必須花費許多氣力溝通想法、摸索前進，不免曠時費力，而收效緩慢；但也因為如此的摸索過程，全校師生及行政人員，可以在不斷修正中踏實前進，一旦有所建立，必是該校最重要的特色所在，他人既無法抄襲，也無法模仿。此間，教師同儕團體及行政系統間的支持配合相當重要，同年級任課老師的相互討論產出，若無法獲致行政團隊的支持，教學理念無由落實；而行政團隊的美意規劃，若沒有教師團體的參與配合，理想亦將掛空。回到教師專業上來說，一個理想的教學現場，既是由師生共同參與對話者，那麼一所學校的經營，亦當如此。

對比於慶陽一中的老師來說，筆者在大臺北地區執教，可獲致的教學資源較多、較進步，是其絕大優點。生活、工作均十分緊張忙碌，是其缺點。筆者留置慶陽期間，查索資料僅能由網路檢索，未能進一步比對古籍原典，不免心有未安；可預見者是，因為研究條件未足，不論在教材教法及教師專業能力的提升上，必定多所限制，此亦大陸從事研究時的一般現象，目前僅能由完善個人做起。

從另一個角度來說，慶陽的總體生活步調較為緩慢，由於夏季日照時間長，筆者常在書撰間，不知不覺已經晚上七、八點，在楊柳垂蔭的校園間散步，緩緩回到住地後，隔天八點左右又到辦公室寫作，生活悠閒而充實。南湖高中的老師們，每日工作時間約是上午七點三十到下午四、五點，國文科教師多半授課二到三個班，中午幾乎沒

人午休，因為下午一點又上課了，臺北人生活緊張緊湊，已是常態，如若下班後或周末，再往赴圖書館找資料，也就沒有所謂的「休閒生活」了，因此放寒暑假，常是每位教師「慰勞」自己的時間，利用較長的假期充電，學些自己喜歡的東西或旅遊，是教師們最常從事的活動。

五　結語——浪漫的堅持，莊嚴的理想

慶陽一中是甘肅最優異的高中，二〇一二年的高考成績更較去年提升了百分之九，自本地高考結束，慶中貼出榜單後，每天都有許多路人在榜單前觀看談論；二〇一二年中考，全省前十二名最頂尖的學生，均選填慶中就讀；為此，筆者一直深深為慶中老師感到驕傲，筆者雖僅擔任短期講座老師，亦分享了慶中師長們的喜悅。此次講習經典、參訪交流的經驗，於筆者而言，是一次可貴的自我挑戰與美麗回憶，筆者不僅有幸親炙慶中師友及友校的領導、老師，對中國大陸在中等教育體制的各個面向，亦有較進一步的認識理解；同時，於個人的專業研究來說，也是一次分享學思心得、自我成長進步與學習的機會。尤其慶陽一中的竇興文校長、張文璽主任，每予筆者諸多鼓勵支持，筆者除再再表達十二萬分的感恩感謝外，更因這份溫暖友好的情誼，得以順利圓成此次活動，不得不再三感恩大家！

誠如筆者在「感恩與告白」活動中的祝願與感謝語：

祈願卡底圖為南湖高中學生繪製

飄洋過海來看你，只為了和你美麗相遇～

謝謝你，為我帶來舒爽的盛夏、夢想的舞臺～

謝謝你，讓我住進你心底！

　　慶陽一中擁有最好的老師、最好的行政團隊，必將是幫助學生完成夢想的地方。赴慶中的短暫時間，筆者深深感恩慶中給我的一切，慶中的人事物，花鳥蟲鳴，都會是筆者生命中，最豐厚的滋養、最重要的印記！

　　作為一名教師、一名研究者，我們都是對未知事物有渴望、對知識趣味能欣賞的人。對我們來說，努力精進不過是一種習慣，養成習慣，習慣成自然，成功便會是一種習慣；是以，為自己的夢想，付諸實踐與努力，不僅是本職本業，也是終身志業。回想自己選擇教育工

作的初衷與熱情，走上教學一途的當下，已然做出抉擇。作為一名中文人，我們所繫念的，是一份文學上的浪漫堅持；而作為一名教師，我們所從事的，更是一份教育上的莊嚴理想；筆者深信，只要我們付諸實踐努力，兩岸教師都可以實踐自己「浪漫的堅持，莊嚴的理想」。

教者，效也；學者，覺也；教育是生活，更是生長。教育是一份生命與生命的交會，而來自生命本身的熱望與追求，是不分地理位置或區域環境的。透過經典的照亮，開啟我們的智慧，「天不生仲尼，萬古如長夜」，每一位老師，都是現代社會的孔仲尼，也是開啟學生生命之眼、世界之窗的人，是點燈人、也是傳道者，只要我們用心地延續文化慧命，把文化的棒子傳下去，君子之樂便能無窮；只要我們心中對生命的熱望不死，經典的精華就能一直滋養我們，源泉滾滾綿延不盡；或許，到自己真正薪盡火傳的那一刻，也就真正能無枉此軀、此身、此紅塵了吧。

理解、詮釋、應用的合一
── 多元議題融入國文課程示例及其展開[*]

一 前言

　　大一國文向來被列為各校通識課程之一，但卻常被學生認為是最不實用的科目之一。在當今強調閱讀力、思考力、多元智慧的年代，國文課程擔負有訓練培養閱讀寫作能力的責任，但有趣的是，此一能力既是學生受教育以來，不斷被重視強調者，何以學生都已升上大學，卻仍然能力低落？一個理想的國文課程，如果包含語言、文學、文化等面向，語文能力不過是其中一環而已，何以學生的讀寫能力始終不足？推究起來，大一新生擺脫大考壓力，忙於享受新生活，無暇亦無心於傳統科目（教育部秘書室，2001）[1]；加以國文課程設計與讀寫指導各自斷裂、文學欣賞和應用實踐各自分立，應是造成讀寫能力普遍低落的原因之一。（王慧茹，2010）

　　我們生活的世界，是一個語言的世界，閱讀、理解文本，不僅是幫助學生培養、建構面向未來生活的洞察力及適應力，在理解、詮釋的同時，其實也包含了應用；或者說，理解、詮釋本身便是一種應用

---

* 本文原刊登《全人教育學報》第 11 期（新北市：輔仁大學全人教育課程中心，2013 年 5 月），頁 1-23。

1 大考入學方式改變後，採「多元入學方案」就讀大學的學生，至 101 學年度為止，已高達錄取名額的 50%左右。這類「準大學生」，在四月份已獲大學錄取，到九月份正式到大學上課前，約有半年的「空窗期」，此時學生多數均選擇打工、從事娛樂活動度過。是以此一空窗期，也是學習上的空白停滯期、荒廢期、輟學期。

的實踐。閱讀、詮釋文本，總是為了回應時代，此中，不論語體文或文言文，都共同包含了與現代生活接榫、對話的可能，職是之故，教師在從事課程設計、範文揀擇，講授原典、指導閱讀時，如何積極融攝當代議題，表現時代意識，並有效地回應時代，便是通識課程設計，甚至是任一時代中的知識分子必然關切的重點之一。

只不過，長期以來，國文課程作為通識之一環，囿於教師個人的學術專長，很容易造成課程講授上的偏嗜，或偏重於文本鑑賞，把每一堂國文課都上成某門專書的文學課；或僅重視語文應用層面，把每一堂國文課都上成寫作課；為避免此一情況，本校輔仁大學在國文課程安排上，特別強調，必以國文課程委員會編選之《輔大國文選》為主，並選定若干核心選文，此一舉措，即是為了避免執教者偏好，建立本校大一新生的共同學習語境，而從事的補強舉措。

自一○○學年度開始，本校為提升教學品質，加強學生的閱讀寫作能力，更將原本建制式的授課班級，降低選課人數，調整為以系院為主，期能加強師生互動溝通，使教師更有餘裕，有效提供並滿足學生的學習需要，補強學生讀寫能力之不足。然而隨之而來的挑戰是，面對學生不同的專業取向，在多元化時代中，如何能符應時代需要、滿足各系組學生的期待，就更必須在課程規劃設計上，多所著墨，才有機會導正學生對國文課程原有的成見，提升學習趣味。

本文擬以「性別平等、生命教育、品德教育」三項當代議題為核心，進行一學年多元議題融入國文教學的課程設計，期以「教師為主導、學生為主體、設計為主軸」，運用「以讀帶寫」的閱讀寫作策略，以提升學生在閱讀理解、詮釋應用的表現；並指出一個「有意識」的國文課程設計，以多元議題融入教學，不僅可有效提升學習興趣，促進學生讀寫能力進步；同時，此一多元向度的課程展開，更有啟於學生學思視野之深化，可提供不同學門間交輝的可能。

二 課程設計的始點——教師為主導、學生為主體

　　輔仁大學的通識課程設置，由全人教育課程中心統籌規劃辦理，名為「全人」，除了有其作為一所天主教大學，以「真、善、美、聖」為辦學宗旨的考量外，剋就「全人教育課程」來說，其目標係為培養學生為身心靈整合的全人，期許並培養學生吸收廣博知識、人文素養、思考能力及健全人格，並以此作為建構終身學習的基礎。本校全人中心所開設的課程，共分「核心課程」、「基本能力」、「通識涵養」三大類目，其中，「大一國文」屬於「基本能力課程」。在「基本能力課程」的基礎上，大一國文的教學重點，在幫助學生能因應時代趨勢及國際化需要，培養學生適應社會的基本能力。此間，國文教學雖側重能力的培養與提升，但與「全人」的終極目標：肯定人性尊嚴，探討生命意義，提升道德生活，重視人文精神；致力於培育學生達到知人、知物、知天的理想仍是相接楯的（輔仁大學全人教育課程中心，2012）。換言之，一個包含認知、技能、情意三者，且兼具語言、文學、文化素養的國文課程設計，已是本校大一國文的基本要求。問題是，如何在此一基本設準下，同時達到「多元化」議題的融入，期能達到多元思考、多元創意的展開？且能兼顧讀寫能力的提升？

　　舉例來說，古代社會關於環境保育、職能分工的說解，頗有和今日不同者；而對男女性別身分等看法，亦和今日大別；因為所謂「現代議題」的討論，顯然不是經典文本的內部思想、意義「究竟如何」的問題，而是透過閱讀、理解詮釋文本之後，「所欲如何」的問題；換言之，討論古代經典、文本是否足堪面對網路時代的衝擊，毋寧應該說，閱讀這些經典文本，是否真會妨礙進步、阻絕思考？亦或，更合適的說法是，關於新觀念、新思維的建構，如若不從經典文本中，得到啟益或反思的能量，拋棄傳統，僅賴空思冥想，果真能幫助進步

嗎？大學教育，已從中小學階段，純粹「上行下效」式的模仿，轉變為「選擇、交談、溝通、進步」的「螺旋式」升進，故筆者以為，將師生視為教學共同體，強調課堂的參與、互動、對話，當可共同滿足師生雙方的期待。

當然，本文所謂「多元議題」的設計融入，基本上係筆者原初講授國文課程時的先期籌畫，此係一種以「教師為主導」的設計安排。筆者就其所任教班級學生特徵，預先準備若干子題融入（輔仁大學國文課程委員會，2012），經與學生溝通討論後，請學生選出三到四項議題，學生最後選出「性別平等、品德教育、生命教育」三項（教育部品德教育促進方案，2009），筆者在此基礎下，遂以「性別平等、品德教育」為基礎，而以「生命教育」為統攝各項議題的核心，此一設計，同時也滿足了各系組專業期待及多元社會的需求。

此外，此一多元議題融入國文課程的教學設計，其起心動念固然是以「教師為主導」，但因其設計基礎是為了符合多元時代的需求，故同時是以「學生為主體、設計為主軸」的課程規劃，由師生共同參與。採取多元議題融入的課程設計，不僅可活化傳統文本講讀的教學方式，賦予國文教學新思維；同時，由古典文本出發的研深創新、理解應用，亦可開啟臺灣當代社會「軟實力」、文化創意的能量。是以國文教學，不但不會是一種重覆過去的「博物館」、死屍式討論，反而是真正具備繼往開新、不斷進步的活力生長；而此生長之為可能，當然是來自執教者於教育的初心，來自國文教學本身，同時也來自一份對生活世界、生命價值的感知和交融。

強調多元議題融入國文教學，課程設計的方法學基礎，係借用伽達默爾（Gadamer, Hans-Gerorg, 1900-2002）「哲學詮釋學」中「理解、詮釋與應用」的合一概念而來。按照伽達默爾的觀點，詮釋學包含了一種開放的「問答結構」，文本的整體表現出一種意義視域，一種意

義活動空間，一種世界，如果我們解釋某個文本，我們也就開啟了文本得以運動的意義整體或意義活動空間。通過詮釋學經驗，我們和文本的視域得以相互對話聯繫，因此理解始終是一種「相互的理解」，是「我向文本」、「文本向我」的提問回答和對話。任何一個傳承物，在每一個新時代中，都面臨新的問題和具有新的意義，傳承物透過不斷更新意義、表現自己，對新問題做出回應，而我們的解釋，便在每一次「視域融合」（Horizontverschmelzung／fusion of horizons）的歷史過程中不斷展開（洪漢鼎，2005）。此一對話理解的展開，不僅是闡明或揭示真理，也是對現時存在的回答；因此，伽達默爾說：「理解就不只是一種複製的行為，而始終是一種創造性的行為」、「如果我們一般有所理解，那麼我們總是以不同的方式在理解，這就夠了。」（Gadamer, 1960／2007）放在課程設計上說，正因文本作為一個傳承物，在每一時代中表現其自身，透過合適的範文揀擇與理解詮釋，對文本的理解詮釋，便不只是對歷史、過去事物的修復，而是對現在、當下的提問和回答。只要我們探究文本中所呈現出來的語文、文學與文化價值，對這份價值真理的探究，也就迫使我們去進行價值意識的反省批判或重建。

　　從課程設計上著手，將當代議題融入範文講讀，因作者、文本、讀者的「視域融合」而步步走向真理，如此的國文課程設計，便是如何在「批判地繼承、創造的開展」中，繼續研深、研精，提供現代生活養分。另從價值挺立上說，一個理想的國文教學，本已包含理解與應用層次，透過意義的理解掌握，賦予新的詮釋與開創，參與生活世界，這樣的課程設計與詮釋應用，便不是一份平鋪的理解，而是由「入其壘，襲其輜，暴其恃，而見其瑕」（王夫之，1975），能經由不斷反省批判，而能創新重建與生長，此一隱含著引導、反思基礎的課程設計，也是型構、育成自家生命的過程，故是理論建構、概念應用

的，當然也是理想實踐的，筆者更盼透過各種不同指標意義的國文課程設計，得以說明並證成「國文」不獨是通識課程核心，在「通才識見」養成培育上，扮演關鍵地位，整個「通識教育」課程的開設，更應當以「國文」為首出才是。

三　議題分析與融入示例

前文已指出，本課程設計係以「性別平等、品德教育」為基底，以「生命教育」為核心之展開，亦即前二項是「分殊面」，後者為統攝前項議題的「總集成」，以下再分別論述此三項議題之內涵及聯繫。

（一）三項議題分析與聯繫

本文前幅指出，多元議題融入國文教學，主要係為開闊多元視野、建構「以讀帶寫」讀寫策略的考量；其中所擇定的議題，不僅是當今教育的核心論題，也是回應社會多元發展下的思索。

教育部推動生命教育已有多年時間，自民國九十九年開始，更將「強化生命教育」列為中程（99-102）施政重點工作，除成立「推動生命教育諮詢小組」，設置研究發展、師資人力、課程教學、宣導推廣等四小組外，更將「生命教育」列為一○○年度的施政主軸，期許以「重視基本能力學習，兼顧通識教育陶冶」、「珍視生命教育，學會感恩回饋」等策略，帶動臺灣教育永續發展。

此外，「推動性別平等教育工作」亦為一○○年度重要施政計畫之一，除了重視性平教育研發規劃、社會宣導、性侵或性騷擾防治外，更重要的是性平課程教學。特別是政府自民國九十三年六月二十三日公布實施《性別平等教育法》，九十九年三月公布《性別平

等教育白皮書》以來，其短程（1-2 年）指標是「輔導鼓勵大專校院開設性別相關課程」，長期則盼望制定不同教育階段之教科書，融入性別平等教育相關議題的基本規範或要點。（教育部「性別平等教育白皮書」，2010）

　　另在民國一〇〇年的工作項目中，教育部還依據「品德教育促進方案」，推動了「現代公民核心能力養成中程個案計畫」，持續敦促各級學校辦理品德教育，盼望營造以校為單位之教育環境，深化通識課程，作為培養現代公民的養成訓練，透過教材研發、精進設計，提升課程內部之統整性及融貫性，以培養現代公民典範。以上三項論題，目前雖不乏相關課程的研究產出，獨「全國通識教育資源平臺」所提供的課程，僅有單一專屬「性平」、「品德」或「生命」教育的教學示例，其所選用的教材，既不屬於國文教學領域，當然也不是議題「融入式」的操作模式，而是採「專門課程」的布列方式。如此授課的結果，當然也就變得「很公民課」、或「很輔導科」，效果如何，也很容易想見；然而要求各大學通識中心，都為單一議題開設專門課程，形勢上亦有所不可，學生缺乏人文素養、公民訓練不足，似乎亦不足可怪了。

　　以上說明教育部的年度工作重點，看似刻板無味，事實上，這些討論，正是臺灣當前通識教育所需加強之處，因為舉凡培養人文藝術及社會科學基礎應用人才，莫不由此展開。用通俗的話來說，培養大學生做一個「有品」的人，過「有品」的生活，尊重關懷他人，開啟多元視野，並不只是一個品德、性別或生命議題，更是人之為人，如何在汲取客觀知識、在「識知」的基礎上，如何安身立命的問題。

　　對比於建構外部「知識」來說，華人文化中，其實另有一套「識知」的傳統。所謂「識知」，其中的「識」是分判、了別、是心底的明白；「知」是指認取、確定、講客觀的確立。建構「知識」，重在外在論述

系統的建構，但人文教養、品德教育，平等關懷，更重視感通、體會與實踐，故不只需要說解知識層面，詳明其所關涉的內容，還要有培養蘊蓄與考察反省的空間和機會。故筆者以為，必須先由內心的明白，而後才能客觀確立，因「識」其「知」，才有機會實踐美好品德，表現人文教養，因此不只需要從事「理論性的考察」，更需從事「根源性的反省」（林安梧，2000）。臺灣社會國際化的程度愈高，愈需要前瞻的視野，開放的胸襟，大步向前接納各種可能變化，在生活上如此，專業分工如此，國文課程設計更是如此。

問題出在，大一國文的授課時間及所講授文本均甚有限，如何在有限的單元中，既不偏嗜單一文體、且需包孕古今，還要融入不同議題，照顧到不同系組學生的特質，也有一定程度的困難。本文所融入的三項議題，學生雖不陌生，但其所知卻仍甚有限，以「性別平等」來說，所涵涉的範圍，並不限於「性別歧視」、「性侵預防」，還包括「多元」的性別尊重；而關於「自我性別認同與接納」的討論，亦不僅是滿足主流性別期待、社會化認同，而是能面對真實的自我，自我覺醒、悅納的過程。而關於「品德」的道德或法律界域，健全人格、專業倫理的討論，既無專門指標以為規範說明，就更需要從總體文化的遷動與發展上，補強論述；當然強調「性別平等、品德、生命教育」等議題，最終仍需回到國文教學本質—語文應用、文學感知、文化延續上，因此「議題式」的融入設計，並不會喧賓奪主，將課程設計淪為工具性的操作，只為單一論題而服務；同時，在闡釋的過程中，教學者也應謹慎、自覺地，節制其融入議題的「產出結果」，因為每一篇講授範文，畢竟仍屬於「國文」的學科範圍，所講授的範文，雖涵容了各項議題，但此一理解與詮釋、意義世界的開啟，並不意味著，因此就放棄了文學的情感性、經典的哲理性，而是在此感性與理性的母體基礎上，因吸收新議題，而展開新的動態辯證歷程；此歷程義，

不獨是閱讀理解、詮釋文本時，一種開放心靈的主體參與；同時也是問答對話、調適上遂，一種自家生命的育成升進；前文所謂「教師為主導，學生為主體，設計為主軸」的規劃，便是在此上的基礎上來說的。

　　以下即由專門議題融入，從「課程設計」上做一學年的示例說明。

（二）議題融入示例及說明

第一學期

範文講讀	延伸閱讀	教學活動	融入議題	文學主題
《禮記・學記》	德瑞克・伯克著、張善楠譯《大學教了沒？——哈佛校長提出的 8 門課》	相見歡	品德教育、生命教育	經部——古典散文；人文教養
《莊子・逍遙遊》	賴聲川《創意學》		生命教育	子部——古典散文；哲理哲思、水平思考
曾志朗〈生命如百花多樣〉	李魁賢〈飛蚊症〉、蘇紹連〈隱形者〉		性別平等、生命教育	現代散文(詩)；科普文學
《詩經》選	劉梓潔〈父後七日〉文學電影欣賞		品德教育、生命教育	經部——古典詩歌（電影）；口傳（網路）文學

範文講讀	延伸閱讀	教學活動	融入議題	文學主題
辛延年〈羽林郎〉	張愛玲〈更衣記〉	告白與祝福——耶誕傳情意	品德教育、性別平等、生命教育	集部——樂府詩（現代散文）；女性自覺
舒國治〈粗疏談吃〉、蔡珠兒〈莧薹的人文考察〉	席慕蓉〈酒的解釋二章〉、羅任玲〈美食主義者〉	您，吃對了嗎？——飲食注音測驗	性別平等、生命教育	現代散文（現代詩）；飲食文學
文學主題報告	分組報告與分享			

第二學期

範文講讀	延伸閱讀	教學活動	融入議題	文學主題
《史記·刺客列傳》	沃爾特·艾薩克森《賈伯斯傳》	我的成長筆記	品德教育、生命教育	史部——紀傳體正史（現代散文）；傳記文學
許悔之〈大翅鯨的夏日歸程〉、林亨泰〈死亡公式〉、綠蒂〈哀傷依然寂靜——重登阿里山觀日〉	劉克襄〈發現池塘〉、凌拂〈流螢汛起〉		生命教育	現代詩（現代散文）；自然文學
《荀子·性惡》	張小虹《身體摺學·我愛T恤，T恤不愛我》		品德教育、性別平等、生命教育	子部——哲理散文（現代散文）；文化評論

範文講讀	延伸閱讀	教學活動	融入議題	文學主題
湯顯祖〈牡丹亭·遊園驚夢〉	〈青春版牡丹亭〉、白先勇〈白先勇說崑曲〉	創意履歷表	性別平等、生命教育	集部 —— 戲曲（影片）；視窗閱讀
柳宗元〈永州八記〉	鍾文音〈殘雪後的俄羅斯〉、李黎〈尋找紅氣球〉		品德教育、性別平等、生命教育	集部 —— 古典散文（現代散文）；旅遊文學
愛亞〈回家〉、〈打電話〉	奚淞〈姆媽，看這片繁花〉		品德教育、生命教育	極短篇小說（現代散文）；親情文學
文學主題報告	分組報告與分享			

　　仔細檢視本學年的課程安排，可以很容易發現筆者係採文言文、語體文對讀的方式進行選文設計，其中，文言文課次的範文講授，均係出自《輔大國文選》（李添富主編，2009），選用標準，除需廣納經、史、子、集四部國學分類外，舉凡古典散文、詩歌、戲曲皆包含在內。語體文範文，由筆者自行擇定，在文學主題的呈現上，包含親情、哲理、科普、自然、傳記、飲食、旅遊、文化評論、人文教養、女性自覺等，皆有收入。另就文體上分析，則包括現代散文、現代詩、短篇小說和極短篇。

　　同時，為加深加廣學生的閱讀範圍及內容，每一文學主題單元，除範文講讀外，各單元均皆包括延伸閱讀單元，舉凡講授語體文時，同一文學主題，均包含二種文體對讀。講授文言文時，則依例以語體文為延伸閱讀單元。其中，全學年講授之文白比例，約為二比一，語體文男女作家比例則為一比一。

　　本課程設計係致力於專門議題融入國文教學，故其篇章揀擇、教學活動設計，亦必環扣此一設準，同時，為兼重各議題、文體、男女作家比、學生自學能力、授課時間等，選取篇章時，亦不免遺漏了許多滄海明珠，此誠不得已之憾。由於筆者已在期初告知學生，有關文學主題及議題融入課程的設計主軸，並要求學生書撰專題報告時，亦須符合本課程講授重點，根據學生繳交報告及期中、期末考測驗的表現來看，筆者亦同時發現，雖各系組學生吸收理解的表現不一，但基本上均能符合各項文學主題及議題融入的設計主軸。

　　限於本文篇幅，筆者僅擇前述上、下學期課程單元之一，進一步展開說明如下。第一學期，以《莊子‧逍遙遊》為例，第二學期，以《荀子‧性惡》為例。

　　〈逍遙遊〉是《莊子》全書的總綱，亦是莊子哲理核心所在，就其文學表現來說，寓言比喻，象徵寄託，都被涵括在內，由於筆者所講授的重心在強調生命教育，故其闡釋的重點，亦環扣在說明生命如何達到逍遙的過程。選文中破除「有待、無待」、「有用、無用」對立、「小大之辨」的討論，均在言此。同時，由於筆者所執教的學生，包括來自織品、餐旅、食科、營養等學系，這些系組恰好都屬於本校民生學院，〈逍遙遊〉一文，正可提供民生學院學生，在織品設計、餐旅規劃上的創意思考。筆者就莊子安章定篇及思想內涵上，抽繹其水平思考的向度，討論創意、智慧的可能傾向，並選定賴聲川《創意學》中的部分單元，進一步深化主題，讓學生對讀，因為思考生命內涵，不僅是「發現我是誰」、「說明誰是我」的存在，更重要的是，將這份肯定自我的能量，表現在未來生活職場上，莊子哲學正可提供人們一種安身立命的方法，而莊子的思考模式，更是今日談論創意泉源時的好材料。

　　第二學期講授《荀子‧性惡》單元，係和品德教育、生命教育有

關，延伸閱讀的篇章是張小虹《身體摺學‧我愛 T 恤，T 恤不愛我》一文。荀子討論「人性」，從人類的欲望處著眼，強調以禮教整飭或節制自然的欲望。民生學院所關注的核心，即此人類生活中關於「需要」與「想要」的論題。荀子主張「以禮養欲」、對於欲望要「節養相持」，正是關於人性品質如何提升，個人在群體生活中，如何修育品德的人文觀照，此一思索，正和學生所選讀的系組關係密切，故本單元雖是一篇先秦的哲理散文，卻可提供許多當代思維。

配合此範文講授，延伸閱讀張小虹的〈我愛 T 恤‧T 恤不愛我〉，這是一篇文化評論，全文僅千字左右，但其中卻不乏哲理思考。張氏指出，臺灣目前的衣服尺碼，均採歐美及日系規準，故始終買不到一件真正合於她個人尺碼的 T 恤，加上 T 恤亦多長寬一致，男女同款，更讓她覺得沮喪；做為女性的 T 恤熱愛者，最後她更期許國內的服裝產業，可以產出真正屬於「華人尺碼」的 T 恤。

「T 恤」是學生最常選購的服裝，有些高級品牌的 T 恤，如三宅一生，售價更高達數千元臺幣，年輕人穿著潮牌 T 恤，顯然已不是方便或流行而已，而有藉著衣裝來標誌「我是誰」、「我有品味」、甚至「我有錢」的傾向，以本文和《荀子‧性惡》對讀，討論人類關於「欲望 vs 存在」、「需要 vs 想要」、「性別認同 vs 社會意識」等問題，除了織品系學生深有共鳴外，即如餐旅、食科系的學生，也都感同身受，進而還引發對廚具鍋鏟尺寸、食物包裝對不同性別影響等討論，此誠筆者所始料未及者。

（三）教學活動設計

配合各單元講授，筆者尚安排若干教學活動，以溝通師生情感，活化教學主題。如第一學期，講授古樂府辛延年〈羽林郎〉單元時，

正值耶誕節，輔大慶祝五十周年校慶，為配合歲時節令，及文中所透顯的性別自主意識，筆者便在任教班級舉辦「告白與祝福」活動，盼望經由本活動，培養兩性互動的尊重平等精神，在歡祝校慶耶誕表達祝福的同時，亦提醒學生涵育博愛淑世的襟懷。

活動進行初始，由筆者先行發下卡片，請學生寫下一段祝福與感謝的話，筆者預先準備好心型巧克力，請學生輪流抽籤送給另一位同學；被抽到的同學需上臺，接受贈與人宣讀祝福和巧克力。學生來自各系組，彼此熟悉度不高，因本活動之故，互相抽到不同系組的男女同學，無形中加深了彼此的認識及情誼。此一活動，雖看似一段歡樂遊戲，但其中亦隱含了性平、品德、生命教育的內在思索；當然，國文課程中，原需訓練的語文表達能力，也透過一張小卡被具體而微地呈現出來。

第二學期，為配合〈牡丹亭〉單元，筆者設計了「創意履歷表」活動。故事中女主角杜麗娘，勇於追求愛情，在夢中與書生柳夢梅奇遇歡聚；配合觀賞崑曲〈青春版牡丹亭〉做視窗閱讀，以文本和舞臺劇對讀，可加深加強學生印象。故事中的男女主角，雖其身分背景各不相同，但都勇於表現自己，追尋理想。「創意履歷表」，正是要學生介紹一個「特別的自己」。

筆者先設計以下活動說明及參考範例，掛在教師教學 ican 系統上，請學生依例練習後，繳交活動作業。學生的美術設計、電腦繪圖專長、創意思考，也在本活動中呈現。

「創意履歷表」活動說明及示例如下：

創意履歷表　活動說明

1. 本活動旨在配合學生選讀科系特色，使個人專業知識與通識國文有一良好的融通接楯。培養個人創意思考、運用媒材轉化為文字表現的能力。

2. 請參考附件範例，另以空白表格撰打，並一律轉貼在 A4 規格的底紙上。

3. 底紙可使用任何一種紙張，如彩色珍珠板等，以能襯托出履歷表為準；範例中所列入的問題或回答，亦可自由設計；整張履歷表需能突顯個人特色。

4. 自由設定的欄位，可參示例說明欄中的個人簡介，抒感處不得少於六行文字。履歷內容說明，請使用 12 號字撰打；並以電腦輸出，略小於 A4 規格為準。

創意履歷表示例如下：

（例：假設我是〈靜女〉的作者。該詩是東周時期邶地的民歌，內容係寫男女約會相戀。）

〈靜女〉作者履歷表

職業	婚戀顧問專家（自訂）	此處可運用漫畫、Q 版方式，彩繪製個人圖像，自訂造型；或掃描個人彩色生活照，以增加影像趣味
姓名	靚女不卡卡（真名）	
年齡	25	
星座	俊男美女天秤座（可自訂）	
血型	Q 型（可自訂）	

地球時代來臨，人人變成端坐螢幕前的宅男、宅女，

看見女神卡卡在電視裡頭大膽獨行，偶然也想晃蕩度日～

只不過，現實生活中，「放縱」從來不該是正常上班族的選項……

弔詭的是，FB 文字背後的自己更真實嗎？

當然未必！

不去和人接觸，愛情怎會有溫度？？？？

就從城市角落、捷運站旁的約會等待開始吧～

不喝星巴克、不傳簡訊，餽贈蘆葦草的愛情，會有好結果嗎？？？？

你就等著瞧!!

（此處設定的問題可以自訂，但至少需包含六項）

最大的夢想：人們忠於愛情不劈腿

最開心的事：遇見王子騎著白馬、或駕著房車來

最難過的事：發現王子原來是草包

最討厭的事：減肥後復胖

一生中最得意的事：父母俱在、兄弟無故

一生中最失意的事：美女變霉女，型男變成大肚男

附註	「真愛」就像遇到鬼一樣，許多人相信有，但真正遇到的人卻很少～ 專家顧問的工作重點旨在提供理論分析、心理支持， 萬勿誤會以為凡事找專家諮商，專家真能解決問題， 解決問題的核心鎖鑰，永遠只在「自己」手裡！

在本次活動中，學生多能依自己性格特徵，設計出頗具品質的作品，特別是在美工設計上，不論採用電腦輔助或手工繪製，於視覺、色彩表現，都頗具青春活潑氣象，筆者用照相機拍下優異作品和全班學生分享，輔以實作說明，於國文課程與系組專業之聯繫，頗有匯合融通之助。獨因受限於論文篇幅，及學生作品色彩設計等表現，無法提供學生作品以為示例，僅此說明。學生雖在製作過程中花費了一些心力，群體表現佳，亦多能肯定這是一個有趣、有意義的功課，但因成品製作耗時費工，學生亦普遍認為本活動不像上學期的「告白」，是「玩」了一個活動，而是寫了一份「功課」。

另就學生文學主題報告來看，各系組學生報告的文本如下：

文學主題	報告文本及文類	系別	融攝主題
同志文學	白先勇〈孤戀花〉、小說	織品系	性別平等、生命教育
鄉土文學	洪醒夫〈吾土〉、小說	織品系	生命教育
親情文學	徐嘉澤〈三人餐桌〉、散文	織品系	性別平等、生命教育
旅遊文學	林文月〈步過天城隧道〉、散文	織品系	品德教育、生命教育
文化評論	梁實秋〈講價〉、雜文小品	織品系	性別平等、品德教育
文化評論	劉墉〈中國人，為什麼你愛作駱駝〉、散文評論	應美系	品德教育、生命教育
飲食文學	三毛〈沙漠中的飯店〉、散文	營養系	性別平等、生命教育
飲食文學	高翊峯〈料理一桌家常〉、散文	餐旅系	性別平等、品德教育、生命教育

文學主題	報告文本及文類	系別	融攝主題
感官文學	舒國治〈睡覺〉、散文	餐旅系	品德教育、生命教育
監獄文學	陳列〈無怨〉、散文	食科系	品德教育、生命教育

　　以上共十組學生報告主題，基本上，皆關涉到筆者所講授的文學主題及多元議題面向，有趣的是，學生所閱讀的作家作品，包含了老、中、青三代作家，從最先輩的梁實秋、余光中，中生代如林文月、白先勇，到近日發跡的新銳作家，如徐嘉澤、高翊峯等都包括在內；其所討論的文學主題，則多以各系組專業相關的領域為主，從文學作品中，掘發不同領域的內涵及思考，原是筆者不斷強調課程設計的關注所在，透過學生自主學習，蒐集閱讀文本，深究鑑賞闡發意義，亦足堪證成筆者強調課程設計的成效之一。

四　結語

　　強調多元議題融入教學，啟發學生探究文本的不同解讀面向，其最終目的都在指出，每一次的閱讀理解，都是一個不斷開啟的過程。從理解的結構來看，一切理解都必然包含某種前見，理解詮釋其實是對傳統的理解與詮釋，閱讀理解本身始終是置身於歷史和傳統中，理解要實現的，是一種傳統視域和理解者視域的融合（Gadamer, 1960 / 2007）。理解詮釋既是不斷更新的過程，理解也同時是一種應用，而此一應用，是在生活世界中展開的（Gadamer, 1960 / 2007，指出：如果要正確地被理解，即照文本所提出的要求被理解，那麼它一定要在

任何時候，即在任何具體境況裡，以不同的方式重新被理解。理解在這裡總是一種應用。）從國文教學上說，強調文學鑑賞、詮釋理解的各種角度，一方面固然是為了理解解釋文本，回應現代生活，但更重要的是可具體操作一種「以讀帶寫」的閱讀寫作策略，提升學生的語文表達能力，開啟多元智慧。筆者強調議題融入，並輔以延伸閱讀篇目，與範文講讀互為發凡，自然同時也是一種提升學生語文表達能力的基礎訓練。第二學期五月份，本校大一新生均需參加中英文語文能力檢測，筆者以課程設計為主軸、學生為主體，從事大量作品之閱讀訓練；到了第二學期檢測前，依例另再從事三次模擬檢測練習；整學年下來，國文課程中的讀寫份量雖不算輕鬆，但學生也樂在其中，此由學生所填註之教學評鑑，均分約在四‧三左右，可獲進一步檢證。（FJU 教學評量報告，2012）。

真正讀懂一篇文章，提升閱讀理解、詮釋應用能力，不只提升了閱讀力、感知力，更是讀懂一份生命、傳承一份理念；透過文學鑑賞臧否作品得失，學會各種文學技巧的呈現、論述系統的建構，甚至可以運用文學語言以溝通、說服、與人互動。回到語文教學本身來看，此一強調多元議題融入課程的設計，聽、說、讀、寫的語文訓練仍是基礎，以多元議題為進路的「閱讀理解」，除了如迦達默爾所說「理解便是一種應用」外，透過大量的閱讀，自然亦有進於寫作內容與品質的提升。

或者可以說，透過課程設計，不僅有效提升了學生的學習趣味，學會閱讀鑑賞文本，在國文課程與學生個人專業的接榫上，亦能得到滿意認同。根據期末的教學回饋，學生表示：

　　我覺得我重新愛上國文課了，以前會覺得國文很無聊，老師的思維又很制式死板，大學國文改變了我的想法，所以我覺得上國文很愉

快。（織品陳安琪）

有別於以往的國文課，自己選擇喜歡的作者並深入研究，感覺課程內容印象很深刻。（織品鄧旭筑）

可以學到課外的東西，從文章中認識自己的科系。（餐旅焦于臻）

提升對文章的賞析能力及做報告的能力，閱讀了許多以前不常接觸到的文章類型。（營養陳昱瑄）

學到許多知識，能促進我的好奇心，讓我在國文課找到更多新奇和興趣，老師進行本課程的方式，讓我很佩服。（食科陳宥融）

筆者還想附帶一提，任教班級中應美系動畫組學生溫詩云，運用筆者講授〈逍遙遊〉的概念，融入個人的動畫設計〈Breath my life〉，作品中呈現鯤（魚）化為鵬（鳥），人與自然合一，改變觀看角度、打開心胸，便可看見世界的色彩與美麗等思考，便是一種融入多元議題的設計。不同學科的共構交輝，不僅是國文課程帶給學生的激盪啟發，此亦是課程實踐的最好說明，雖此動畫製作成果，無法透過論文紙本呈現，筆者亦因此生之作心感溫慰。

從「課程內容再更新」、「教學方法再耕深」出發，將多元議題融入國文教學的課程設計，強調理解、詮釋、應用的合一，不僅涵括了語文訓練、文學演繹鑑賞、文化培育等層面，透過對不同核心論題的深入探討，也同時開啟了教學的對話空間，因為教育總是向上生長的，是生命根源的生長，而不只是信息的傳遞；教育也是參與體會的，是師生和課程的交流共構，而不只是「標籤式的理解」；職是之

故，則此一關乎課程設計的更新討論，便可透過師生在課堂上的投注
灌溉，而有一不斷展開生命活水的可能。

參考文獻

（一）專書、論文及會議報告

劉梓潔（2010）《父後七日》 臺北市　寶瓶文化出版社

李添富主編（2009）《輔仁大學國文選》 新北市　輔仁大學出版社

洪漢鼎（2005）《詮釋學──它的歷史和當代發展》 北京市　人民
　　　大學出版社

林安梧（2000）《教育哲學講論》 第二章　臺北市　讀冊文化出版
　　　社

王夫之（1975）《老子衍》 臺北市　河洛圖書出版社

王慧茹（2010.12）《藏息相輔，修游共成的大學之教──大一國文課
　　　程設計與應用示例》 新北市　〈輔仁大學全人教育學報〉第
　　　七期　新北市　輔仁大學

輔仁大學國文課程委員會（2012.09）〈輔仁大學國文課程期初會議報
　　　告〉 國文課程與校內各項指標之關聯性調查表

（二）譯本

Gadamer, Hans-Gerorg（2007）*Wahrheit und Methode・Grundzuge einer*
　　　philosophischen Hermeneutik 真理與方法 I （洪漢鼎） 北京
　　　市　北京商務印書館 （原著於 1960 出版）

（三）電子資料

輔仁大學全人教育課程中心（2012） http://www.hec.fju.edu.tw/home.
　　　　html　檢索日期：2012.11.11

輔仁大學 FJU 教學評量報告（2012.03） http://140.136.251.162/questionary
　　　　_history/teacher/oldTeachingCourse.aspx　檢索日期：
　　　　2012.11.11

教育部（2010）性別平等教育白皮書 http://www.edu.tw/files/site_
　　　　content/B0039/99.03 性別平等教育白皮書.pdf　檢索日期：
　　　　2012.11.11

教育部品德教育促進方案（2009） http://ce.naer.edu.tw/index3-1.html
　　　　　檢索日期：2012.11.11

教育部秘書室（2001） 中程施政計畫　臺北市　教育部秘書室
　　　　http://www.edu.tw/secretary/content.aspx?site_content_sn=903
　　　　檢索日期：2012.11.11

「藏息相輔，修游共成」的大學之教
——大一國文課程設計與應用示例[*]

一　前言

　　《禮記・學記》上說：「大學之教也，……不學雜服，不能安禮；不興其藝，不能樂學。故君子之於學也，藏焉、脩焉、息焉、游焉。」[1]這段話說明了，大學之教中，學習雜服皮弁、六藝之屬，是助成樂學的要素；而一個樂學善學的君子，不論入學脩息正業，或退居閒暇之時，皆會因博雅之教深浹於心，而有左右逢源之樂。此中，如何幫助學生學得博雅，時感進學之樂，課程內容的安排設計就顯得更為重要了。

　　大學國文由原本的語文課程，成為通識教育的一環，明顯標誌出國文課程中，原本致力於語文能力培養、文學內涵鑑賞的重心，轉為培育通才識見的層面，這種劃時代的轉變，同時意味著國文從「共同必修科目」轉換為「通識教育選修科目」，甚至走向「發展性通識課程」（或稱「博雅課程」）的思考。[2]

---

[*] 本文原刊登於《全人教育學報》第 7 期（新北市：輔仁大學全人教育課程中心，2010年12月），頁 179-196。

1　（清）孫希旦：《禮記集解》（臺北市：臺灣商務印書館，1968 臺一版），頁 883。

2　參劉金源：〈我國大學通識教育現況、問題與對策〉（高雄市：國立中山大學・通識教育中心），2009.03 http://www.general.nsysu.edu.tw/95GECAMP/html/PDF/005-028.pdf。有關我國通識教育發展的演變沿革，另可參黃俊傑：〈論大學通識教育中的主體覺醒與群體意識：教學理念與實踐〉（臺北市：《通識教育季刊》第 11 卷第 4 期，2004 年 12 月），頁 1-21。

　　通識教育的核心價值在培養全人化的教育理想，本校輔仁大學將通識教育的整體規劃，由「全人教育課程中心」負責，便是強調在通才識見的「知識力」向度外，彰顯其人之為人的「全人」理想。本校為一所天主教大學，校訓「真善美聖」不僅說明了初始的辦學宗旨、輔大人信念之所繫，「全人教育課程中心」設立之名，正可視為通識理念的進一步落實。

　　然而，如何培養出具備人文精神，作一名通人己、合物我、究天人的「全人」呢？必須在生活世界、現代社會中踐履、實現其自身。此中，國文課程內容的規劃設計，不僅直接攸關人文學科價值精神的體現，學生對課程的參與感受，是否能裨益於未來需要，亦成為學生上課時所關注的焦點之一。

　　誠然，筆者同意大一國文不等於高四國文[3]，亦不需為單一院系而服務，然而除去了大考壓力，並不意味著大學國文可以忽視其應用性功能。國文教學理念的踐履、文化精神的傳承，課程內容是否滿足學生需求，無一不涉及課程本身、教學者、學生三方面的互動互構。只重視學生的具體表現，關切他們的學習效果，是僵化的思考；同樣的，只重視教學者是否符應學生期待，盼望課程要輕鬆活潑，則是媚俗的迷思。本校大一國文以各系組為班別，教師授課對象均為同一系組，從學生來源上說，更容易打破師生、課程斷裂的迷思，經由科系特質，結合理論與實務、價值與應用兩端，促成國文教學的理想。

　　檢視整個國文教學的歷程，施教時對象不同，本當有經有權、因材施教，且不獨教法如此，教材內容，亦復如此。特別是大學教育，受教學生年紀多已接近成年，教學歷程已不是「上行下效」式的單一

3　參喬衍琯：〈是大一國文還是高四國文？〉（臺北市：《國文天地》第五期，1985 年 10 月），頁 52。

側面，更多情況是師生相持相長相成的，故若從「應用」[4] 的概念出發，則可以發現，國文課程內容，可為不同的選課對象、不同系組的學生所調整者。教學過程中雖應重視如何教、如何學；但在課程安排，師生互動的過程中，同時也能因師生對課程、文本的提問，展開對話、溝通，達到「視域融合」，[5] 有落實於生活世界的可能。

正是基於教學歷程的融通及授課內容的應用思考，筆者在執教的班級中進行了一段課程設計的具體應用，故與其說本文是純粹理論性質的研究討論，毋寧可視為筆者在國文課程上的行動研究；筆者擬以九十八學年度織品系服裝設計組為例，說明其國文教學歷程及課程安排，包括單元設計，範文揀擇，如何在本校原先規範的授課篇目及滿足「織品人」的審美、創意需求中取得平衡，既能實現其全人教育的理想，又能使師生在教學現場的對話、參與歷程中，以課程安排、教學歷程上的經權調整，讓學生感受國文課的魅力、吸引力，準此，則每一次的教學歷程都是一種更新，一種自我表現，其意義整體、理想性，亦在師生的共同參與中得以朗現。

---

4 筆者於此係藉用伽達默爾（Hans-Georg Gadamer，1900-2002）「哲學詮釋學」的「應用」概念而言，「應用」不是「實用」或「利用」，而是說理解解釋文本，總是為了回應當代，與當代溝通對話。筆者以為教學者、學生，在面對課程、理解解釋文本的同時，其實也同時從事了應用層次，課程總是必須由師生共同參與的；同時，因理解應用是一體的循環，故若從「應用」概念出發，課程設計亦必須包含當代意識。有關伽達默爾「哲學詮釋學」中的「應用」概念，另可參氏著・洪漢鼎譯：《真理與方法》（北京市：商務印書館，2007 年修定譯本），頁 417-463。

5 伽達默爾以為，在理解中絕不可能有這樣兩個互不發生關係的獨立視域，一個是進行理解的人自己生存於其中的視域，另一個是他把自己置身於其中的過去歷史視域，他把這種和傳承物周旋或打交道的結果說成是「視域融合」（Horizontverschmelzung / fusion of horizons）。通過「視域融合」，文本和我得到某種共同的視域，同時我在文本的它在性中認識了文本。參洪漢鼎：《當代哲學詮釋學導論》（臺北市：五南圖書出版（股）公司，2008 年 9 月初版一刷），頁 128、114。筆者藉此以言師生解釋理解文本、課程，基本上說，是一種師生彼此、師生與課程、師生與文本、生活世界的溝通與對話，而此一對話有視域融合、落實於生活世界的可能。

二 課程設計的經權之道

　　大一國文講授的內容是否應當有所規範，文言、語體的比例如何，過去學者已多有討論，贊成或反對者持論言之滔滔，亦多有所據，然其共同關注者，都是國文教學是否仍能保有獨立精神，不淪為為各院系服務的「工具」。[6] 筆者以為，關於此一問題，必須回到國文教學的本質內涵上做討論。

　　本校大一國文列為「全人教育課程中心」三大領域中的「語言及文化涵養課程」項下，[7] 即是盼望學生透過國文課程在語言文化層次上，培育陶融全人的涵養。原則上說，教師所講授的單元不論是否有所規範，在意義上，只要能符合以上要求者，應都是值得肯定的。目前，本校的國文課程，由「國文課程委員會」編有《輔仁大學國文選》一冊，在實務教學上，輔大同時規範每一位任課教師，每學年必須講授規定的共同選文至少十篇，此一規範，從消極面上說，可避免教師因個人專長不同，造成講授上的偏嗜；從積極面上來說，以共同教本為基礎，可在國文教學的不同面向上做整全的考量，使大一學生經由學習上的共通感，有相同的對話語徑，間接幫助適應新生活；另專就國文學習上言，亦能兼顧文言、語體，傳統國學中經、史、子、集及

6　參黃俊傑：〈臺灣大學共同與通識教育改革之研究計畫報告〉（臺北市：臺大共同教育委員會，2005 年 7 月）、葉國良：〈從理論與實務看所謂大學國文通識化〉（臺北市：《通識教育》1 卷 3 期，1994 年），頁 71、林保淳〈超越「大一國文」──淡江大學「文學與藝術欣賞」與「中國語文能力表達」之規劃與示例〉（臺北市：《通識教育》4 卷 4 期，1997 年 12 月），頁 18-21。

7　輔大全人教育課程分為「全人教育基礎課程」、「語言及文化涵養課程」、「通識教育課程」三大部分。其中，語言及文化涵養課程中又包括國文、外國語文、歷史與文化三門課，國文課的授課採「建制班」開課，務期以符合各系特色並與專業知識相結合。詳見全人教育課程中心網站：http://www.hec.fju.edu.tw/home.html。

不同文體的教學。輔大同時規範每一位教師，每學期必須繳交評閱作文四篇，並在大一下學期，舉辦全校性的「中文基本能力檢測」，期盼教師加強學生的語文表達能力，以輔導學生通過基本能力檢測為務，如此的考慮，自是因應多元時代發展中，極務實的思考。

（一）課程設計的經常之道

　　筆者將所有課程內容分為「核心單元」及「彈性單元」兩類，「核心單元」是「經」，亦即不論執教哪一院系，都必須以此共同選文為準，持恆、經常性地包涵在總體課程當中。其次是「彈性單元」，筆者將之名為課程設計中的「權」，這部分的課程，可依各院系不同屬性加以調整，但雖名之為彈性課程，基本上仍是由核心範文而來的延伸及應用。

　　以共同選文為基礎展開教學，從某些程度上看，可視為高中教育的接榫。學生甫升上大學，身心狀態尚需一段時間調適，此時不妨先以課本共同選文為主，教師可在共同選文上，採取更有創意的教法，不必僅拘執於章句訓詁的鑽研，而可加入更多討論探究或反思；初入學的學生在生活及學習上，可有舊的繼承和新的開展，教師也可利用這段時間，認識學生、了解學生，調整自己上課的節奏。

　　特別值得說明的是，《輔大國文選》中，琳瑯滿目地收有經、史、子、集等數十篇經典文章，學校雖規範每一位執教者必須選定至少十個單元講授，其實仍具有極大的揀擇空間。目前課本收錄所未足者，其實是語體文的單元；而關於大一國文文言、語體選文比例之配置，就整個語文的學習歷程來說，筆者以為仍必須和高中課程相接榫。高中國文教材，從民國八十八年實施一綱多本制度以來，至今已逾十

年，九十八學年度入學的大一新生，所適用的是高中國文九五暫綱，[8]
自高中國文的大幅變動實施以來，文言文、語體文的比例已降為一比
一，反映在大學入學考試國文考科上來說，學生對語體文的閱讀理
解，反而感覺比文言文更難。如何避開學生曾經學過的單元，[9]整全其
閱讀面向，兼顧文言、語體兩面，提升閱讀趣味，幫助學生得見文學
的新視角，以加深加廣文本的閱讀理解、詮釋與應用，便是筆者原初
在安排講授單元時很重要考慮之一。

此一考慮，很快地就在學生身上得到印證。以筆者所任教的織品
系來說，學生對織品服設的熱愛，很具體地呈現在他們的外表裝扮、
思考模式，及期初師生對談中。筆者有感於傳統課程講授明顯無法引
起學生關注，在和學生溝通說明想法後，因之順利地操作以下以「主
題規劃」為準的課程設計。此中，課本中的共同選文便是「經」，主
題規劃亦由此「核心單元」為主，做不同向度的闡發；同時由於課本
中的語體文選文較少，筆者便另擇若干語體文為輔，做為「彈性單
元」，一方面可加深加廣主題式課程的內涵理解，其次，亦可輔助學
生在語文表達能力及不同專業思考上的增強。質言之，以「彈性單元」
補強「核心單元」的課程設計，其實是講授通識國文課程時，更容易
引起學生興趣、具備課程設計的現代意義，具有創意及應用價值的可
行方式之一。

8　高中國文九五暫綱刪除「中國文化基本教材」、「國學概要」兩科選修，另開「論孟選讀」、
　「區域文學選讀」、「小說選讀」、「語文表達與應用」為選修科目。國文課本的編寫，由原
　來「不限選文」，但須含有文學史脈絡的編寫方式，改為必須包含「建議選文 40 篇」、「不
　限文學發展次第」，文言比例降低等。另詳拙作：〈回歸基本面-96 大學指定考科國文試題
　評析〉，南一書局 2007 年 9 月 http://www.nani.com.tw/nani/steacher/96s_tese_ans/96test_chin.
　doc。

9　目前高中國文課本有五家出版社各擅其場，包括翰林、南一、三民、龍騰、康熹等，各版
　本除了國文課本外，亦均出有「延伸閱讀」、「經典文選」等輔助教材，以補強原來課本選
　文的不足。

（二）課程設計的權宜措施

　　課程設計除需把握經常之道外，其次還有課程中的權宜舉措。所謂「權」是指權變、權宜，「權」的動機，原是出於「經」之縱向思考外的輔助或不得不然，但從權還必須守經[10]，一切彈性單元的安排，仍是必須以助成核心單元的理解，完成國文教學的宗旨為依歸，此中，除內容篇章的選定外，教法和活動課程的施作等，亦包含在內。筆者在講授課程中，對語體文的選擇安排，便是屬於這種從權的、彈性設計。同時為了和講授的主題設計規劃相符，筆者在傳統的紙本閱讀上，另補強以視窗影像閱讀，透過剪輯影片、音樂及 ppt，讓學生有身歷其境、親臨文學現場的感受，能具體觀察出不同媒材的文學表現；另外，為兼顧「織品人」的喜好，筆者重新調整了若干彈性單元課程，茲說明如下：

主題規劃	課程單元	講授週次	國學四部分類	生活連結
大學生了沒?	課程概述——談大學生的人文素養	一週		綜論
服飾與人文教養	《禮記·學記》、〈緇衣〉	三週	經	人文教養、文化生活、服裝與身分階級、性別平等

10《公羊傳·桓公十一年》：「權者何？權者反於經，然後有善者也。」筆者將彈性單元名之為「權」，言經權相輔，而不以「經緯交錯」，意在強調彈性單元可隨院系學生對象不同予以改變，雖其可變，然猶需返經而見善。故就總體課程上說，雖是「縱橫經緯」的設計，但其本質內涵上看，猶是從權守經的作法。

主題規劃	課程單元	講授週次	國學四部分類	生活連結
典範長存——傳記文學	《史記·刺客列傳》、林文月〈臺先生寫字〉、影片〈COCO Chanel〉（香奈兒）	四週	史	人格典範、精神價值、影像閱讀、生命教育
顛覆思考——哲理散文與微型小說	《莊子·逍遙遊》、《極短篇》、賴聲川《創意學》	四週	子、集	服設創意學、水平思考法、修養工夫
記遊感懷——旅遊文學	柳宗元〈永州八記〉、舒國治〈在旅館〉、李黎〈尋找紅氣球〉	三週	集	住居、旅行、面對挫折、生命教育
	課程回顧與前瞻	一週		
文字、符碼、服飾、語言	許慎〈說文解字敘〉、中國書體及書法之美	三週	經	語言文字、溝通、象徵
服飾與時代文化	樂府詩選——曹植〈美女〉、辛延年〈羽林郎〉、周芬伶〈衣魂〉	三週	集	服飾、階級意識、多元文化
紀實或記錄——報導文學	《詩經·碩鼠》、樂府〈戰城南〉、記錄片〈±2℃〉	四週	經、集	戰爭、弱勢族群、環境保護、影像閱讀

主題規劃	課程單元	講授週次	國學四部分類	生活連結
品味人生——飲食文學	張岱《陶庵夢憶·蟹會》、隱地〈吃魚女子〉、羅任玲〈美食主義者〉、席慕容〈酒的解釋〉、李敏勇〈麵包與花〉	三週	集（含新詩）	飲食、市民生活、風俗習慣
粉墨登場——文學主題閱讀與分享	現代文學評析與鑑賞——學生分組報告	二週		

（按：上表加□處，即為輔大國文選中的核心單元，餘為彈性單元；講授篇章則採文言、語體輪流交替的方式；文言、語體文的講授比例約為 55：45）

　　語言是時代的產物，文言、語體也不是斷裂地各自存在的，然而學生之所以會產生感覺文言文能夠理解，語體文反而讀不懂的弔詭，實在是由於長年來對語體文講讀過分忽略，不明白優美的語體文有其影響；而對文言文教學又陳義過高，忽視其應用層次所致；故在彈性單元的安排上，筆者多以現、當代語體文為主，由文言範文加以延伸，務期能脫離「文言／白話、價值／應用、典範／通俗」的對立思考，以為講讀文言文無益於當代社會，必以語體文為重；或是語體文必然淺白易懂，無益於優雅文學本懷，而以文言文為尚的差謬。

　　以第一學期講授的「傳記文學」主題來說，《史記·刺客列傳》是核心單元，也是國文課程的「經」，是必選入的十篇選文，原來被歸屬在四部分類的「史部」，講授《史記》選文，可得見史家之筆，明悉典範人格，鑑古知今，以為法式；筆者以林文月〈臺先生寫字〉、

電影〈*COCO Chanel*〉做為彈性單元[11]，為課程中的「權」，補充介紹當代中西方兩位值得景仰的大師——學者臺靜農先生及設計師香奈兒女士；就語文訓練及文學鑑賞來說，林文月的散文在當今文壇已有一定地位，〈臺〉文是她緬懷師生之誼的作品，文中細數她和臺先生互動的片段，臺先生的書法、人格之美躍然紙間，溫潤動人。〈*COCO Chanel*〉是傳記電影，香奈兒女士影響服裝界幾乎有百年的歷史，筆者藉由影片，講述她的堅毅精神及前瞻性眼光，*COCO Chanel* 香奈兒如何走出生命困境，轉悲傷為力量，建立個人的香奈兒王國，鬆解時代對女性的桎梏，頗值得人們崇敬。特別是影片中對「香奈兒」香水、經典服裝款式的設計細節、動機創意等，皆有追本溯源式的描繪，影片中，重現二次世界大戰時的服裝秀表演現場，導演的敘事手法、觀察角度等，亦頗值得學習。

在這個主題單元中，學生學習到一篇傳記文學如何兼重歷史與文學的不同向度，在真實與摹寫間取得平衡；同時，不同的載體，雖透顯出不同的語言模式，但卻都可以呈現文學之美。其實不獨語文、文學、電影的表現如此，學生將來有志於「設計家」，設計作品時亦當如此，培養學生為「大師」不為「工匠」的企圖與視野，便可透過此一主題呈現。

以此單元為例，若更換執教的院系對象，亦可針對不同的學生，抽換介紹在他們專業領域中的佼佼者以為講授對象，作為本次主題課程設計中的權變措施，不論運用影像文本或傳統紙本，都可以讓學生

---

11 參〈*COCO Chanel*〉（香奈兒）（臺北市：天空媒傳股份有限公司，2009 年）。輔大圖書館購有多種公播版影片提供師生使用，此為設計影像閱讀課程時便利的基礎。另，有關香奈兒生平介紹，亦有紙本傳記行世，可參梅德生（*Madsen, Axel*）著、陳秀娟譯：《香奈兒：特立獨行的服裝設計女王》（臺北市：月旦出版社，1995 年）、藤本瞳著·林佳蕙譯：《時尚女王的經典傳奇 CHANEL》（臺北市：三采文化出版事業有限公司，2007 年）。

明白「傳記文學」的意義內涵與文化價值，對學生在專業精神的涵育培養上，亦能有所啟發，可說是一舉兩得。

三　課程活動的規劃與應用

（一）核心課程與彈性課程的融通

　　筆者以為，不讓國文教學淪為工具意義，當然是不容置疑的，問題是，一個隱涵有院系特質思考的國文教學，必然會淪為工具嗎？透過核心單元和彈性單元的融通設計，不僅可兼重院系需求和國文教學的本懷，在高等教育普及化的今日來說[12]，如此的課程設計，反倒更可以培養出具有博通識見的人才。

　　大學分院設系的意義，在培養各領域的專業人才，此中，通識教育是培養知識菁英的敲門磚，國文教學則被賦予傳統典籍新生命，活化經典意義，生動文本的任務。不同院系的學生原具有不同特質，在彈性單元中加入符合該系學生關切的議題作品，以主題式的規劃設計課程，不僅可讓學生得見不同的文學風貌，就文學作品本身來看，不同時代、不同作者的同一關注，亦標幟出文學創作的共通感；不論文言文或語體文，其所表現的主題意識，必然都會攸關時代、攸關人性、攸關價值美善，學生正可在教師的指引下，學得更有趣味，收穫更豐富。

　　筆者的基本思考既是設定在核心單元和彈性單元的調融上，故範

---

12 近十年來，我國高等教育已由菁英的培養轉變為普及化的教育。⋯⋯高等教育淨在學率，由 89 學年度之 38.7％上升至 98 學年度之 64.98％；至 98 學年度為止，大學校數已增加至 149 所，專科學校減少為 15 所，計有大專校院 164 所。參教育部：〈中華民國高等教育簡介〉，http://www.edu.tw/high/。

文講解除須符應共同選文的規範外，同時，為呼應中國文學的儒雅傳統，亦同時在經、史、子、集的類目上，做平均分配；使學生在傳統文學的涵養中，體會經典的現代意義與價值。織品系服設組的學生已具備相當的專業興趣，故筆者所揀擇的現代文學作品，就以實踐「服設人」的理念為出發點，課程主題設計亦皆環繞此一向度展開。從服設的眼光來看，追求名牌時尚，在今日的社會，已成品味的象徵，不論型男或潮男，無一不講究衣裝流行，服裝原本為人蔽體的功能，已轉變成由服裝來標幟「我」的意義；從衣裝蔽體到地位階級的指涉象徵，其來有自，如何培養學生不變成盲目追求時尚的消費耗損，而成為「名牌」、「習尚」的創造者、文化的傳承者，是筆者盼望幫助學生建立的人文素養，很顯然地，此一人文價值的實踐與挺立，亦是全人教育中國文教學的目的所在，而透過核心單元和彈性單元的互構調融，此一經權相輔的課程設計，對理念之培養，無疑有其積極作用。

（二）語文表達與文學鑑賞

其次談到語文表達與文學鑑賞部分。筆者在範文講讀時，還同時注意兼顧「閱讀與寫作指引」[13] 兩部分，講讀文本時，由意義的把握、理解、詮釋，層層遞進，重視具體文字的閱讀、及語言背後、抽象意義的理解。筆者安排每學期一次視窗影像閱讀，藉由傳記電影、記錄片報導，呈現文學主題意識，由導演的拍攝手法說明譬喻、轉化、象徵等技巧運用，便是為了幫助養成深刻細膩的觀察力及品鑑力；電影

---

13 筆者以為「指引」是一種指示、點醒，有聯絡、照應系統化的步驟及過程；對比於「指導」來說，更能兼顧學生的主體思索。參拙作：〈語文表達能力寫作教學〉，收入王開府、陳麗桂主編：《國文作文教學的理論與實務》（臺北市：心理出版社，2006 年 1 月），頁 158-189。

的敘事模式同時也是一種文本寫作的章法，由此導引說明並訓練學生的寫作能力。

　　本學期中，同時還安排了多次寫作訓練，學期中的習作，係配合不同主題講述，採「引導式寫作」訓練學生的寫作能力。筆者在主題課程結束後，皆會提問若干問題在課堂上和學生討論，同時，筆者也會製成作業單，公告在ican系統上[14]，開放讓學生與筆者共同參與討論，學生可於課堂上繳交紙本作業或上傳系統，筆者評閱後，除提供個人評分說明外，也會針對本次習作的優缺點加以總評分析，並提供寫作手法的補充說明，最後將優良作品上傳和全班同學分享，以收同儕間相觀而善之效。可惜關於習作的討論甚乏，據筆者私下了解後發現，或許是引導已足，學生感覺完成一篇作文並不困難，沒必要再做討論之故。

　　受限於本論文篇幅，筆者僅羅列配合講授單元的習作及學生作品一篇如下。第一學期，配合「傳記文學」的引導式作文題：

　　成功的定義是什麼？是成功不必在我的「功成不居」？還是「正其誼」也「謀其利」、「明其道」更「計其功」現世關懷？

　　讀書人追求「十年寒窗無人問，一舉成名天下知」，金榜題名時的快樂，說明了「結果」是最重要的；但大學問家朱熹卻說：「書冊埋頭何時了，不如拋卻尋春去」，認為趣味的「過程」才更重要。其實不只讀書這件事，任何事物都有過程和結果，到底「結果」比較重要？還是「過程」比較重要？

　　請以「埋頭，為了出頭」或「不必求出頭」為題，寫一篇作文，文長不限。

---

14 ican系統為輔大為授課教師課師提供的「遠距教學平臺」，該平臺上設有教學大綱、教材、討論區、作業評量等十多種功能，可補充課堂現場討論之不足，予師生另一個共同參與課程的網路空間。

參考指引

本文為擇定立場的寫作。回答時,切忌採「折衷說」兼言兩邊之利,僅需針對自己偏向的那一個觀點多加闡述即可。在行文時,雖亦不免對另一方有所評論,但點染帶過即可,因為評議另一方意見並不是本文重點,應將重心發揮在論述為何事件的結果(或過程)比較重要的原因,或重視結果(過程)的好處等等,如此,才容易拉開論述觀點,深入說明。

學生作品示例
不必求出頭(輔大織品系　賴冠穎)

　　我想,當一個人能完全投入實踐理想的當下,每一滴汗水都值得回味珍藏。它所代表的,是一瞬的感動,也代表著,那無悔前往的深印足跡。過程最美之處,便在於它冷暖自知,一種私密感,巧妙地牽動內心的問與答;無旁騖地,引著自己成長、追求心中的至善。

　　雲門舞集創始人林懷民先生,秉持著對舞蹈藝術的嚮往,在半個世紀以前帶著一群舞者上山下海,散播他對舞蹈的熱愛,他們不求名、不求利,只盼望喚醒眾人對藝術活動的參與。我們今天所認識的雲門舞集,帶來的是出神入化的表演,帶有一分神聖與敬畏,但那背後,顯豁的卻是林懷民對信念的堅持,以及全體雲門舞者的埋首修行。當他們跳〈薪傳〉,舞者們踏入臺灣未開墾之地,拓荒;當他們跳〈行草〉,舞者們處於寧靜,磨著墨,揮灑一張黑與白的交響曲。他們站在舞臺上時,是如此虔誠,感受自己的一吸一吐,專注於每一塊延伸的肌肉,享受著地心重力與肌膚觸地的感動。雲門舞集獲得掌聲的瞬間,是一種分享與回饋!是啊,他們時時做著偉大的分享——無論是在鄉間小學,或是國家音樂廳,他們不求一份趾高氣昂、一份

眾人的仰望，而是與觀眾的心靈連結，和群眾一同笑、一同哭。

埋頭，不是為了求出頭！如果一個人努力的同時，想的只是能否迎合眾人眼光、能否「成功」，那他能不能傾聽自己的理想感動，無怨無悔地追求心中的至善？不必求出頭是一種信念，享受過程，堅持自己，全心投入的「深刻」，才是最美的珍藏！！

第二學期，配合「飲食文學」的引導式作文題：

中國人是舉世公認最會吃的民族，但要能吃出學問，可不是件簡單的事。根據文獻顯示，中國人幾乎吃遍動物、植物與礦物，充分發揮利用厚生之效。

「吃」不僅是中國人平常生活的依據，是中國文化的標幟之一；有時候，「吃」更是一種關於記憶、鄉愁的顯現。生活中，有沒有哪一種「食物」讓你難以忘懷的？如此，「吃食物」便不止是味蕾的滿足，而是一種感情記憶的投射了。請以「吃」為主題，寫一篇個人關於飲食的印象或記憶。文長不限，題目自訂。

參考指引
1. 可自生活中取材，舉母親煮的食物或臺灣小吃為例，以為寫作素材；並針對食物作「歷史溯源」或「心情告白」，分兩方面加以闡釋。
2. 可參本單元飲食文學選文的寫法，以為例證。另可參：徐國能〈辦桌〉、〈刀工〉逯耀東〈出門訪古早〉、〈蛋炒飯〉等。

學生作品示例
缺一味炒飯（輔大織品系　張書維）

　　鳥鳴啁啾，早晨的陽光透著窗打進室內，睜著眼茫茫四望盡是光亮，腦袋也是白晃晃的一片，甚至頭殼中也養了顆太陽似的，不停的脹大，不斷的燃燒……。

　　我永遠都記得那一日，三個大男人把我扛上樓，丟在一張頗有年齡，皮革有些龜裂的沙發上，隨即一陣熱氣撲面，我凝了心神細細審視，原來是一炒飯也！想當然爾，是三位好友特意替我準備的，在我神智恍惚，還來不及說上半句話時，口中就被塞了一嘴飯，我傻了！好似什麼在口中引爆，粒粒分明的米飯是在跳躍！裹著蛋黃在齒間、舌尖翻滾，一股激流向喉下急竄，香氣卻噴泉似的直逼眼耳鼻，驀然，有個清脆的「喀」聲，啊！好樣的，蘿蔔沒炒熟，但這沒熟卻帶甘甜的巨浪滾滾，又好似萬馬嘶鳴於耳畔，狂奔而至，就為那蘿蔔發癲作狂。轉瞬，口裡一個軟勁，想是那青豆了！蔬菜的清新正是那高峰後的喘息，但我總覺少了一味，只見那三人似笑非笑，拿了包火腿道：「啊！剛剛忘了加上！」

　　原來平淡又缺一味的炒飯也能有刻骨的記憶，可見食物傳達味道外，更傳達情感。而今，每每我吃炒飯，總不免多嚼一會兒當年缺一味的火腿，然後，淡淡一笑……。

　　這兩篇文章都是筆者配合文學主題講讀的課後習作，兩篇文章讀來皆文辭通暢，真情可感，寫出了自己的真實生活樣貌。學生援引例證時，亦頗見當代關懷，舉林懷民、雲門舞者、男性友人的體貼情誼為例，正說明年輕學子不論就典範價值的建立或思考內涵上說，已呈現多元取向，從學生作文的敘寫，正可得到檢證。

　　除了每學期中固定的寫作訓練外，國文教學中，尚包含文學鑑賞，筆者以文學主題為範圍，採活動式設計，安排學生分組做報告。第一學期學生彼此不熟悉，僅要求學生繳交一萬字以內的書面報告；第二學期，則各組輪流上臺報告，要求全體參與，務使全組同學皆有上臺表現的機會。第一學期不分主題，選定的報告內容必須符合個人專業，以表現服飾意義為主；文學作家藉由服裝寫出特殊族群的生活，記錄一個時代、一段故事，分組報告正可視為全學期課程的收結。在選定報告文本的過程中，雖花費相當多的時間，但學生分組報告的成果，卻頗令人激賞。

　　茲將第一學期中，學生自行擇定的分組報告主題表列如下：

第一學期	文學鑑賞與評析——文學作品中的服飾象徵
第一組	由服飾對比看白先勇〈秋思〉中的主題思想
第二組	朱天文〈世紀末的華麗〉中的裝扮與時代意識
第三組	由服飾設計看〈歌劇魅影〉中的主題人物
第四組	張愛玲〈傾城之戀〉中的服飾設計與時代之思
第五組	白先勇〈永遠的尹雪艷〉中的衣飾象徵
第六組	凡鳥偏從末世來——試論《紅樓夢》中王熙鳳的服飾形象
第七組	琦君〈髻〉、〈毛衣〉中的親情象徵
第八組	談性別認同與服裝發展——以邱妙津〈柏拉圖之髮〉為例

　　以學生報告中的第一組來說，白先勇在〈秋思〉中的兩位女主角，都是大陸來臺的「臺北人」，華夫人和萬夫人的服裝首飾，打扮言談，在在都可顯出他們的身分地位，甚至故事中的配角人物——幫夫人梳妝的髮型師、司機、僕人等，也都各具特色，小說家描繪人物形貌

時，不斷顯現今昔對比的生命糾結，透過服飾來描寫人物、觀察時代，學生在報告中的論述，可說具體把握到白先勇《臺北人》的主題意識，寫出〈秋思〉在季節之思外的生命之思、常變之思。

第二學期，筆者以文學主題討論的方式，讓學生以 ppt 簡報或製作動態影片、表演等方式，上臺發表心得，發表後根據現場提問修改，再繳交紙本報告。學生在擇定主題文本時，可依各組的不同喜好選擇，由於筆者已在課程中，操作講述過若干文學主題，學生亦多能擇定所好。採用 ppt 等多元化方式分組簡報，這種方式對學生未來發表設計提案來說，有實質上的幫助，此次報告，正可提供先備的練習；同時，學生聆聽他人簡報，等於也間接閱讀品鑑了許多現代文學作品，在閱讀面向上，可有不同廣度和深度的學習與收穫。

筆者除不定期將學生習作中的優良作品，轉掛在ican 上提供學生觀摩外，針對期末的現代文學鑑賞報告，亦開設討論區討論，第一學期期末時，並把學期報告表現較好的兩組上傳，此部分的討論較多，不論從擇定文本到書目查索、寫作瓶頸、約定討論時間等，不一而足，此處ican 的系統設計，也提供了全班共同分享的平臺。

總括來看，筆者以為國文課程設計有經、權的兩面，就課程內容上說，以共同選文核心單元為「經」，彈性單元為「權」，來補強主題課程講授，彈性單元既是課本核心範文講讀的延伸，目的亦是為了強化範文的理解，呼應同主題、同類目的文學關懷，經權相輔的課程規劃設計，重視「核心單元」與「彈性單元」的融通，不論從語文訓練、文學鑑賞、文化意識的涵育深化來看，亦有其積極意義；此外，範文講讀和閱讀寫作訓練的同步進行，則擴大了範文講讀的作用，筆者每講授一篇範文，也就同時進行了閱讀和寫作指導，同時進行了文本欣賞與品鑑。就總體課程的規劃設計上看，雖僅能被呈現出主題篇目，但舉凡人文教養、創意思考、環保意識、生命教育、性別平等、弱勢

關懷等面向，也都包含在內了，此間，國文教學的最高目標──涵育
全人理想，自是課程設計必然包含的鵠的所在。

四　結語

　　當代「哲學詮釋學」最重視理解、解釋與應用的統一過程，迦達
默爾（Hans-Georg Gadamer, 1900-2002）指出：「理解總是解釋，因而
解釋是理解的表現形式」、「如果要正確地被理解，即按照文本所提出
的要求被理解，那麼它一定要在任何時候，即在任何具體境況裡，以
不同的方式重新被理解。理解在這裡總已經是一種應用。」[15]在理解中
總是有這樣的事情出現，即把要理解的文本應用於解釋者的目前境
況，因此，理解、解釋文本的同時，也同時對應著他所處的時代，處
於他所理解的文本當中。

　　若從課程設計、文本講讀上說，教師學生共同參與課程討論、面
對課程，所重視的側面容或有所不同，教師更偏重教，學生更偏重
學，不同範文提供不同的解釋理解，其實都隱含了應用的解釋。課程
總體在教學過程中，扮演著中介者的任務，這種中介的任務，即是在
當時（過去、今天），在教師與學生間進行中介，即所謂「應用」。而
此應用總是回應當代的，不論所擇定的文本是哪一種，一名教師所要
傳達致力的目標，只有在課程設計、操作實踐的具體情境中，才能被
具體化和臻於完滿，而這種工作完全受課程設計和教學情境所制約。

　　回到國文教學的本懷來說，課程內容本應兼重語文、文學、文化
等不同層次，透過課程內容經權的設計，從學生原本的「游藝」興趣

---

15 參（德）漢斯・格奧爾格・伽達默爾（Gadamer, Hans-Georg），洪漢鼎譯：《真理與方法》Ⅰ
　（北京市：商務印書館，2007 年修定譯本），頁 418、420。

上加以引申啟發，便可幫助學生樂學。學習「雜服」的目的是為了「安禮」，可見學習「技」、「藝」是為了實現「道」的理想，而理想的實現，卻是在生活世界中完成的。[16] 從課程設計上看，筆者以為，一個理想的國文教學，必須讓教學者、學生、課程三者，共同參與對話，不應只是傳統主客二分的觀點，主張「教」、「課程設計」隸屬於教學者，「學習」、「應用」隸屬於學生；或教學者、學生是主體，課程是客體，教學者在課堂中佔有主導權的面向；而應轉化為排除主客斷裂二分的思考，或者說，提供主客的融通或再結合，亦即整個課程規劃、教學活動，教學者和學生都有重新參與建構的可能。換言之，課程設計必須作為我們再現的東西，才具有意義，課程安排雖需有一定程度的規範限制，但卻有無限變化的可能與自由。

正因課程必須由教師、學生共同參與，故其講授的內容單元，便可因應不同的需求或表現而有所調整。由總體國文課程中的「核心單元」出發，以共同選文為「經」，另以「彈性單元」為「權」，採用主題式的課程規劃設計，從權變通、以權輔經，不僅具體回應了院系特質是否會與國文教學衝突的問題，就實際的教學現場來說，一個讓學生在學習過程中感到趣味、不論修習的當下或閒暇時，都能感受學習收穫的教學，才有可能是一個有效的教學；而引起學生主動學習的動機、興趣，更是任何學程中的教學者，首先考慮的要素之一；此中，回應自己所處的時代、所面對的日常生活，當然是每一位教師、學生的共同關注。

「大一國文」在整個大學教育中，常處於「弱勢地位」，人們雖多認為寫一篇通暢的文章是重要的，欣賞文學似乎也有需要，但卻普遍

16《論語‧述而》：「志於道，據於德，依於仁，游於藝。」天道下貫於人德，人以仁德為依憑，依仁行仁以上達天道，如此，則「藝」之修游化成，亦在道中顯見。

認為國文課無聊、無味，浪費時間；甚至認為這些通識的營養課程，無益於個人的專業精進發展，之所以造成這種長期以來的偏見，實在是因為國文「課程設計」乏人討論，執教者忙著回應該如何「教」作文、指導閱讀，再不然便是一味側重文學欣賞，忽略課程設計本身便需包含以上層面之故。筆者提出，以「主題式」規劃設計課程，並把握課程設計的「經常之道」與「權宜設計」，重視講授篇章的經權調融，兼重語文表達及文學鑑賞，因應不同院系學生的講讀、寫作、活動報告，便是試圖導正長期以來對國文教學及課程設計的忽略與不足，筆者並盼個人的行動式研究，可提供「一磚之見」，引來更多「玉石」的討論回應，共同為國文教學注入新活力、新生命。

參考文獻

（清）孫希旦　《禮記集解》　臺北市　臺灣商務印書館　1968 臺一版

梅德生（Madsen, Axel）著　陳秀娟譯　《香奈兒：特立獨行的服裝設
　　　計女王》　臺北市　月旦出版社　1995 年

（日）藤本瞳著　林佳蕙譯　《時尚女王的經典傳奇 CHANEL》　臺北
　　　市　三采文化出版事業有限公司　2007 年

（德）漢斯・格奧爾格・伽達默爾（*Gadamer , Hans-Georg*）　洪漢鼎
　　　譯　《真理與方法》　北京市　商務印書館　2007 年修定譯本

洪漢鼎　《當代哲學詮釋學導論》　臺北市　五南圖書出版（股）公司
　　　2008 年 9 月初版一刷

王慧茹　〈回歸基本面──96 大學指定考科國文試題評析〉　臺南市
　　　南一書局 2007 年 9 月　http://www.nani.com.tw/nani/steacher/96s_
　　　tese_ans/96test_chin.doc

王慧茹　〈語文表達能力寫作教學〉　收入王開府、陳麗桂主編《國文
　　　作文教學的理論與實務》　臺北市　心理出版社　2006 年 1 月

林保淳　〈超越「大一國文」──淡江大學「文學與藝術欣賞」與「中
　　　國語文能力表達」之規劃與示例〉　臺北市　《通識教育》4
　　　卷 4 期　1997 年 12 月

喬衍琯　〈是大一國文還是高四國文？〉　臺北市　《國文天地》5 期
　　　1985 年 10 月

黃俊傑　〈臺灣大學共同與通識教育改革之研究計劃報告〉　臺北市
　　　臺大共同教育委員會　2005 年 7 月 7 日

黃俊傑　〈論大學通識教育中的主體覺醒與群體意識：教學理念與
　　　實踐〉　臺北市　《通識教育季刊》11 卷 4 期　2004 年
　　　12 月

葉國良　〈從理論與實務看所謂大學國文通識化〉　臺北市　《通識教育》1 卷 3 期　1994年

劉金源　〈我國大學通識教育現況、問題與對策〉　高雄市　國立中山大學・通識教育中心　http://www.general.nsysu.edu.tw/95GECAMP/html/PDF/005-028.pdf

教育部　〈中華民國高等教育簡介〉　http://www.edu.tw/high/

輔仁大學「全人教育課程中心」網站　http://www.hec.fju.edu.tw/home.html

〈*COCO Chanel*〉（香奈兒）　臺北市　天空媒傳股份有限公司　2009 年

一場生命與生命的交會
——大一國文讀寫課程教學示例[*]

一　前言

　　輔仁大學自一〇〇學年度開始，實施「國文教學的百年大計——全校性閱讀書寫課程推動與革新計畫」，於大一國文之編班建置、課程設計、教學內容等，提出諸多更新變革；同時，又獲得教育部「全校性閱讀書寫課程推動與革新計畫」A 類專案，成為第一批實踐 A 類計畫的三所大學之一。

　　新的國文課程規劃，旨在強化本校以生命教育為核心的教育理念，並以提升大一學生國文閱讀書寫能力為目的，期能建構一個兼具語言、文學、文化整全性結構的國文課程。

　　基於如此的思考，在教材編選上，新版的輔大國文課本，便以採「自我、人我、物我」三個範疇重新編寫。每一範疇下，又分為四個子題，全書共十二個子題；每個子題內，各自收錄若干文言文及語體文為範文，俾便提供教師講授及學子閱讀參考（孫永忠主編，2012）。同時，為有效達成預期目標，在開學前，即已通知任課教師講授範文比例，及每學期作文指導的閱卷篇數，盼能有效提升學生的語文讀寫能力。

＊ 本文原發表於《第 6 屆全人教育學術研討會》（新北市：輔仁大學全人教育課程中心，2013 年 5 月 4 日）。

　　將「生命教育」主題，融入國文教學的討論，已行之多年，問題就出在，生命雖有其普遍性特徵，但人類生命之所以可貴，卻在其個體生命的殊異性、變動性及不可取代性上。正因如此，嚴格來說，生命本身原是不可教的，生命只能是生長、長養、育成的過程，而在生命延續中所從事的點滴開啟，便不是「教法如何」、「設計如何」，「必然長成如何」的問題，而是每一份生命對其自家的探索，討論生命「可以如何」、「該當如何」的選擇過程。

　　借用當代哲學詮釋中「詮釋學經驗」（Gadamer, 1960 / 2007）概念為基礎，採取「以讀帶寫」的閱讀寫作策略，經由活動的參與，可具體提升學生的讀寫能力，同時建構形上價值的探索。詮釋學的最大特徵，是對我們自身有限性的認識，討論存在的有限性，同時也是對語言存在的探究。本課程設計，即在呈現國文課程及讀寫活動的施作過程，期以「師生、活動、課程（文本）」三者，互為主體際的融通，試圖說明一個具有「詮釋學經驗」特徵的國文讀寫課程，不僅是一場生命與生命間的溝通、交流、對話，而此「視域融合」」（fusion of horizons）（Gadamer, 1960 / 2007）的過程，更直接有助於國文讀寫能力之提升。

　　如此的國文課程，自然和純粹文學的欣賞、品鑑，或傳統文學的感性興懷不同，而是更偏向生活世界、更見其應用意義的；然而，卻也不是悖反於純文學之外，揚棄文學興感與美學價值，而是融治文學與美學的產出，步步邁向真理的探究，此一國文讀寫訓練之展開，不僅是一份於自家生命的探索反思，也具有生命與生命交輝共亮的可能。

二 新舊國文課程比較

輔大「國文教學的百年大計」中，強調以生命教育為核心，全面性地從課程編班、教本講讀內容、課程設計等層次，加以調整改變；其中有變、有革，也有因襲、繼承與開展。茲分說如下：

（一）因襲與繼承

就教學目標及內涵來說，新的國文課程，係構設在本校「真善美聖」校訓及全人教育課程中心的教學目標上，因此培養學生成為身心靈整合的「全人」，延續大一國文作為基本能力課程，加強深化並提升學生於各層次的學習（輔仁大學全人教育課程中心，2013），仍是新課程中一貫的關注。

在學習目標上，強調學生的語文、寫作、思辨能力；提升學生對文學作品之鑑賞能力與興趣；教導學生體悟中國文化之內涵及現代意義，啟迪學生探討生命與人生的意義，充實人文素養，建構生命倫理價值。並將「問題分析與解決行為、人際溝通行為、團隊合作行為、創新行為」四項校定核心行為，內化在課程活動中，期盼建構一個有生命的國文教育，深培語文能力、喚醒主體自覺、提供價值思辨（孫永忠主編，2012），是新課程中持續深耕的重點。

新版的輔大國文課本內容，已略如前述。此間，之所以採取重編共同課本，而不廢除統一教材，亦是延續輔大多年的傳統之一。全校大一學生使用統一的國文課本，對教師來說，可減低備課負擔，避免教師囿於個人所學，將大一國文全部上成「專家文」或「專書選讀」，造成授課上的偏嗜；對初入大學的新生來說，使用統一的課本，讓學生有相同的談話語境，共同的文化生活長養，可幫助學生對新環境的

適應和學習。同時，為使授課教師能充分發揮個人專長，國文課程委員會亦於期初規範全學年課本講授內容，僅需佔總體課程之百分之六十（輔仁大學國文課程委員會，2012），提供教師若干的彈性空間，以從事他項文本選讀或課程安排。在重編課本時，不僅與本校培育學生的基本能力素養相結合，延續輔大多年來辦學的精神理念，同時保留使用全校性共同課本，僅約定比例而不以課次為範，這是國文課程百年大計中，於前賢的因襲和繼承。

（二）新變與開展

另從編班建置來說，新舊國文課程於此有較大的變動。本校過去多年來，均採取系組建置方式，作為國文開課單位，如此編班的好處是，國文班級的學生都來自同一科系，學生來源相同，興趣能力相近，從事課程設計時，可更貼近學生系組特徵；缺點是，各系的學生特徵既不相同，不同班級間的能力組距更大；學生人數多寡不一，小型班級人數約廿餘人，而人數多者，則可達六十多人，教師在批改作業、或從事寫作指導時，不免有相當壓力。讀寫能力下降已是現代學子通病，班級學生人數過多，教師在閱卷或課堂討論時，便不容易控管教學品質，故一直以來，如何合理化班級人數，完善授課及學習品質，亦常是國文教師的思索之一。

新的編班方式，是以各系組為單位，每班人數均控制在四十人左右，同時因各系學生人數不一，在編班同時，即已先初步打散分為不同群組，將性質較為接近的院系併為一班，因此，新的國文班級學生，來源更見多元，可以是來自不同系組，甚或是不同學院的學生。如此編班的好處是，降低了教師批改作文的壓力，師生互動、課堂討論，亦可因不同科系，產生不同的火花。但隨即而來的問題是，自一

○○學年度全校核准增開四十個國文教學班後，全校國文班級數達一百三十七班，班級內部的變異性將更鮮明，同一班級中學生先備能力及興趣差異既大，讀寫能力的雙峰現象亦見明顯，教師有時為了提升學生學習興趣安排的主題課程，也可能因院系之別，導致學生主觀好惡之兩橛，此是教師在從事課程設計時，所應多考慮者。

　　換言之，從教師個人任教班別的考量來說，如何調融來自不同系組學生的主觀感受，降低個別學生的差異化歧變，使其轉化成國文讀寫能力的均質提升，更是新的編班制度中，教師所當努力的目標。宏觀上來看，本校大學部學生均需通過中英文「語文能力檢測」的畢業門檻，此項調整，當更直接有助於教師從事相關訓練，提高學生的檢測通過率。當然，讀寫訓練僅是國文總體教學之一環，更縝密的課程設計及實踐，考驗著執教者在面對新局時的前瞻性視野，因為數字化的指標評鑑，或許是檢驗課程效驗的方式之一，但國文課程中「使學生了解生命內涵的複雜度、意識形態之傳遞建構、擴充對生命意涵之探討，並帶入歷史縱深的思索」（孫永忠主編，2012），卻無法以量化數字呈現，既如此，如何將學生內心真實的想法，透過課程及教學活動設計呈現，並對本課程所欲傳達的核心理念──生命教育，有一定程度的觸動與觀照，更是新課程中必然面對的挑戰。質言之，隨著時代改變、學生改變、國文課程改變，國文課堂內的人文風景，顯然也必須有相當的改變，而此一改變，是繼承、延續，同時也是新變、創造與生長。

三　課程規劃及設計

　　新版的國文課本採取範疇以為編目方式，在每一範疇中，選入若

干文言文和語體文，提供學生文白對讀，有意於傳統及現代的融通，此是編書時的先期規劃。課本既已提供不同類目的範文，如何有效操作各式文本，以達成課程目標，提升學生的讀寫能力，長養並涵化自家生命，是筆者此次課程設計及施作的重點。以下即針對課程安排及活動設計，另做說明如下：

（一）課程設計的理論基礎

我們生活的世界，是一個語言的世界，討論人類存有的問題，同時也是討論一個語言存有的問題，若借用當代哲學詮釋學中的「經驗」概念來說，對詮釋學「經驗」的討論，正可和本課程核心——生命教育，強調生命意義及價值的探索，互為表裡。

伽達默爾（Hans-Georg Gadamer, 1900-2002）在培根（Francis Bacon, 1561-1626）的經驗歸納理論之外，將「詮釋學經驗」解釋成一種傳承物和我的關係。傳承物是可被我們經驗之物，像是一個「你」那樣自行講話（洪漢鼎，2005），詮釋學「經驗」便是一種「我與你」（I thou You）的關係，又可分為三種。第一種關係是利用科學方法進行詮釋，此時你只是一個手段，以讓我達到我的目的。強調作者意圖的詮釋即屬此。第二種關係是，我承認你是一個主體，我與你的關係是一種反思的關係，我從自身出發去理解你，甚至還要求比你理解自己還更好地理解你。強調歷史研究的詮釋學方式屬此。第一種關係排除了詮釋者的歷史性，第二種關係則只讓傳承物生存在過去，忽略了歷史性光芒所揭示的東西；亦即忽略了以歷史意識從事詮釋，用批判反思的方法去接觸原始資料，並不足以保證它不把自己的判斷和前見相混淆，歷史意識實際上必需考慮詮釋者的歷史性。

第三種也是最高級的我與你的關係是：我以完全開放的態度，真

正把你作為你來經驗，不僅不忽視你的要求，而且傾聽你對我所說的東西。在這種經驗中，詮釋學態度既不把過去或文本當作可歸入原則的對象，也不把過去看成和現在不可分享的他者，而是讓過去或傳統對現在講話。「我不僅承認傳統的有效性，而且我也承認我自己的歷史性、現在境遇與前見對理解傳統的必要性。」（洪漢鼎，2001）

由以上的說明可知，所謂的「詮釋學經驗」，不是我們一般所認識的經驗。科學經驗是可重複操作、可受檢驗的，故不是歷史的，因為歷史是不可被複製的；然而經驗的威望，依賴在其可重複性上，故經驗按其自身本性來說，必須要丟棄自身的歷史，並取消自己的歷史，方為有效。一個具備「詮釋學經驗」的人，是指對新經驗永遠開放的人，有經驗的人是徹底非獨斷的人，故此，經驗可以說是「期待的落空」（*Gadamer*, 1960 / 2007），是否定性的、一次性的，與自然科學不同，且永遠與那種由理論或技藝等一般知識而來的教導，處於絕對的對立之中，經驗的完成並不在於某種封閉的知識，而是在於通過經驗本身，促成對經驗的開放性。

站在國文教學的立場來說，強調「生命教育」為課程核心，其所觀照考量的重點，並不在驗算或檢查究竟具備多少生命能量，而在強調「可以如何」透過課程以提供啟發、點醒、長養生命的可能；此間，傳統規格化的讀寫訓練，固是一種，而嘗試以各種經驗的突破，視師生、活動、課程，互為主體與對象間的運動，亦是一種。借用哲學詮釋學中的經驗概念來說，如此的課程設計基礎，既是建立在「一次性」的閱讀理解上，每一次講讀文本，便都是一次「不同的理解」（Gadamer, 1960 / 2007）；每一次進行讀寫活動，也就都是對「經驗」的開放和對話，如此的課程設計，便是一個對師生自身、師生雙方、課程與文本的提問與溝通，是交談與傾聽，也是回答與反思；活動與課堂，便是直接提供自家生命長養的場域，有裨益於學習或生命成長的可能。

（二）課程示例及教學活動說明

以下另就本課程之講授單元及活動安排，表列如下：

第一學期

涵涉範疇	講授範文	課外閱讀單元	教學活動
自我——自我追尋	《禮記・學記》	余英時〈商業社會中士人精神的再造〉 張曉風〈唸你們的名字〉 連加恩〈誰該被派去非洲〉 謝旺霖〈因為・我懷疑〉	「我的學習地圖」學習單
自我——生命情懷	《莊子・逍遙遊》	林語堂〈論幽默〉 李喬〈水鬼城隍〉 王文華〈三成七〉	
自我——情感安頓	《詩經・蔘莪》	齊邦媛〈蘭熙〉 黃春明〈死去活來〉 洛夫〈因為風的緣故〉、 〈愛的辯證〉 蘇偉貞〈有空就回來〉	
人我——真實／假象	蒲松齡〈畫皮〉	張曉風〈人環〉 顏崑陽〈窺夢人〉 張大春〈將軍碑〉	

涵涉範疇	講授範文	課外閱讀單元	教學活動
物我、人我——飲食文學專題	蔡珠兒〈冷香飛上飯桌——蔾薆的人文考察〉、韓良憶〈阿婆的秘密味道〉	席慕蓉〈酒的解釋——兩章〉 隱地〈吃魚女子〉 羅任玲〈美食主義者〉 顏艾琳〈超級販賣機〉 羅門〈麥當勞午餐時間〉 李敏勇〈麵包與花〉	你吃對了嗎？——飲食注音測驗
物我、人我——女性文學專題	周芬伶〈衣魂〉、簡媜〈貼身暗影〉	張愛玲〈更衣記〉 趙淑敏〈舊時衣〉 琦君〈毛衣〉	分組報告——文學主題鑑賞

第二學期

涵涉範疇	講授單元	課外閱讀單元	教學活動
自我——生與死	劉梓潔〈父後七日〉	《莊子·至樂》節選 余德慧〈抹消生死的界線〉 杏林子〈看雲〉	「電影 vs 文學語言」學習單
人我——少年／老成	蘇軾〈賈誼論〉	楊牧〈時光命題〉 吳錦發〈春秋茶室〉（節選） 楊照〈迷路的詩〉	
人我——性別平等	湯顯祖《牡丹亭·驚夢》	歸有光〈先妣事略〉 平路〈服裝的性別辯證〉 廖咸浩〈迷戀戲子〉 李欣倫〈秘密初潮〉	「生活 vs 文學語言」學習單

涵涉範疇	講授單元	課外閱讀單元	教學活動
物我 —— 兩岸與原鄉	白先勇〈金大班的最後一夜〉	《世說新語》選——〈木猶如此〉、〈晉明帝日遠長安遠〉 鍾理和〈白薯的悲哀〉、〈原鄉人〉 林央敏〈在地圖上〉 白先勇〈秋思〉	
物我、人我 —— 旅遊文學專題	舒國治〈在旅館〉、李黎〈尋找紅氣球〉	須文蔚〈法國梧桐〉 陳克華〈車站留言〉 蔣勳〈京都看雪〉 零雨〈劍橋旅行〉 鄭炯明〈旅程〉	
自我、人我 —— 傳記文學專題	《史記‧刺客列傳》	華特‧艾薩克森著、廖月娟等譯〈賈伯斯傳〉、 視窗閱讀——〈美味關係〉（茱莉亞查德&茱莉鮑爾的傳記電影）、〈COCO Chanel〉（香奈兒的傳記電影） （以上二擇一）	分組報告：典範與繼承——卓越菁英的生命故事

　　以上每個講授單元，均採取文言、語體對讀方式，融通古典與現代，幫助學生對同一範疇的涵涉向度有更深刻的理解與體會。其中，講授單元均由筆者主講，課外閱讀單元，則由學生選定其中篇目書撰札記，以加強訓練學生的語文表達能力；期末報告，再由筆者的教學助理於課外帶領各組學生討論。拜網際網路所賜，學生在臉書上成立社團，彼此交換意見的討論風氣興盛，較之過去受限於時空之隔，分組討論必須定點、面對面溝通的情況，改變很多，此是科技世代下學習方式的變異，必須特別提出來說明。

　　為因應學生習慣電腦、廣泛使用 3C 產品的學習興好，筆者於本課程的溝通討論，亦多利用本校設計的 ican 教學平臺，包括講義、通知、分組設定等，ican 作為全班往來互動的橋樑，對筆者講授本課程有很大幫助。學生的札記作業，亦均採電腦打字繳交，每次均先由教學助理進行初閱，再由筆者複閱。初始，學生多有選字及書撰格式上的錯誤，但經筆者再三提醒，此項缺憾亦獲得極大改善，表現在紙筆寫作上，同時也降低了寫錯字的機率。

　　還要再補充說明的是，對 3C 產品的高頻率使用，既已是新世代共同的特徵，如何妥適運用網際網路作為工具，避免語言文字使用之低俗化、符號化，亦是從事寫作教學時需正視的問題。職是之故，使用不同的載具，兼採紙筆及電腦打字訓練書寫能力，兩種不同的產出方式，不僅完成了同質異構的寫作訓練，更出乎意料地達到讀寫能力並進融通的效果。

　　本課程內容，講讀範圍除課本選文外，每學期另安排二次文學主題講讀，第一學期是飲食文學、女性文學，第二學期是旅遊文學、傳記文學。同時，為配合每學期的講授單元，上學期請學生分組，繳交文學鑑賞報告，下學期則由學生介紹各專業領域中的菁英典範，俾便引發學子的效仿之心；除文學品鑑能力的培養提升外，同時達到生命情意之陶冶，以提撕精神、激發情志。

（三）「以讀帶寫」的閱讀寫作策略

　　本校學生，在大一下學期，均需參加語文能力檢測，以作為未來畢業之必要門檻。為養成寫作習慣，提升寫作能力，筆者已於期初告知學生本課程施作之重點，並在每單元中，請學生繳交閱讀札記；同時，為避免過度使用電腦，粗疏於文字書寫之弊，部分講讀單元，亦

由筆者另行製作學習單，請學生在課堂現場書寫繳交。使用學習單的目的，在提升學習趣味，並幫助學生增強對講授單元的品鑑、思考力，此雖不同於單篇作文的文學性演繹，卻有集中思辨的效果。

筆者在從事文言文範文講讀時，多從文章的結構表現入手，續論其義理內涵，在講授文本時，說解章法、思想，也就等於同步進行了閱讀與寫作指引，這是由教師主導的經常性讀寫指引；學生書撰作文、札記，是以學生為主體的補充性訓練；至於課堂中使用的學習單，則可視為是具備設計性質的臨時性活動；以教師的課程指引為「經」，學生的書寫活動為「緯」，如此經緯交錯的閱讀寫作訓練，所強調的，不再是純文學式的字字珠璣，而是通體一貫的流暢表達；其所重視者，是「以讀帶寫」的閱讀理解產出，雖強調語文表現，然而每一次閱讀理解經驗，都是一次理解、詮釋、應用合一的經驗。以「教師為主導、學生為主體、設計為主軸」（王慧茹，2012）的閱讀寫作指引，對學生來說，成績或分數表現，僅是語文表達能力高下的不同，而不是個人生命本質好壞善惡的問題，故此一側重語文表達及應用的訓練活動，自亦是一場生命教育的活動，不是強調知識性的灌輸或技術操作，是一次又一次對生命的參與蘊蓄和契入融通。

以筆者所任教的兩個國文班級為例，每學期每位學生，均需繳交五篇札記、五篇作文、一份期末報告，加上課間學習單及期初、期中、期末作文檢測，每一週都有不同的國文作業，書寫壓力可謂沉重；筆者心中預期學生的抱怨，果然也很快發生，為防止「民怨」漫延，筆者設計了各式有趣的作文練習及學習單，加以屢屢的道德勸說，倒也順利撫平不少民怨。只是，閱讀寫作能力之培育提升，除了積累練功，別無捷徑，「不積跬步，無以致千里」（王先謙，1993），只能步步踏實，慢慢練習。

因限於篇幅，筆者僅於上、下學期各舉一次課堂中的引導活動及寫作訓練為例：

（一）你吃對了嗎？——飲食注音測驗學習單

班級：_____　　姓名：_____　　座號：_____

＊您～真的吃對了嗎？？？？？請用正確的注音來點菜喔…… 以下「　」中的國字，請填入正確的字音。		
1.「咖」哩飯	2.味「噌」湯	3.牛「腩」飯
4.「腓」力牛排	5.「蚵仔」麵線	6.「蛤蜊」湯
7.紅豆粉「粿」	8.「烙」餅	9.刀「削」麵
10.豆「豉」蒸魚	11.紅「麴」麵線	12.低「脂」鮮奶
13.牛「軋」糖	14.肉「燥（臊）」麵	15.「炮」羊肉
16.雞「煲」飯	17.龍「髓」湯	18.「炸」雞
19.「涮」涮鍋	20.「鰻」魚飯	

解答

＊您～真的吃對了嗎？？？？？請用正確的注音來點菜喔…… 以下「」中的字，請填入正確的音。		
1.「咖」哩飯　　ㄎㄚ	2.味「噌」湯　　ㄘㄣ	3.牛「腩」飯　　ㄋㄢˇ
4.「腓」力牛排　ㄈㄟˊ	5.「蚵仔」麵線　ㄜˊ　ㄗˇ	6.「蛤蜊」湯　ㄍㄜˊ　ㄌㄧˊ
7.紅豆粉「粿」　ㄍㄨㄛˇ	8.「烙」餅　　ㄌㄠˋ	9.刀「削」麵　　ㄒㄧㄠ
10.豆「豉」蒸魚　ㄔˇ	11.紅「麴」麵線　ㄑㄩˊ	12.低「脂」鮮奶　　ㄓ
13.牛「軋」糖　ㄧㄚ	14.肉「燥（臊）」麵　ㄙㄠˋ	15.「炮」羊肉　ㄅㄠ
16.雞「煲」飯　ㄅㄠ	17.羊「髓」湯　ㄙㄨㄟˇ	18.「炸」雞　ㄓㄚˊ
19.「涮」涮鍋　ㄕㄨㄢˋ	20.「鰻」魚飯　ㄇㄢˊ	

　　本活動為飲食文學專題的課前引導活動。由筆者發下學習單，請學生利用五分鐘時間填答，然後隨即在課堂上交換批改。表單中所列，均是生活中常見的食物名稱，但因眾人不察，往往有唸錯音讀的現象，筆者任教的學生，包括餐旅、食科、營養及織品系，此項辨明音讀的活動，可與學生的部分專業課程結合，並見增善之功。特別的是，餐旅系學生相對於織品系來說，填答的正確度偏低很多，但透過本活動，學生不僅習得常見食物的正確讀法，也更投入文本學習，學生多高度認為，本專題課程的趣味度很高，能在玩遊戲及討論中學習，「藏了太多隱喻在其中，讀起來很有挑戰性」（食科　魏廷潔），「藉此了解現代詩的趣味性」（營養　陳沛穎），「透過食物，表達了超脫於食物以外的情感」（織品　潘思寧），收穫很大。

（二）點線面的寫作練習

　　另從寫作訓練來看，筆者設計了以下「生活語言 vs 文學語言」學習單：

「生活語言 vs 文學語言」學習單

活動說明

語言是傳意的工具，但生活中的口語表達，畢竟不同於書面文字，請閱讀以下說明及範例，分別書寫生活語言與文學語言。

◎生活語言：比較直白、淺近、隨性、口語化、單純傳意的語言模式。

◎文學語言：間接、婉轉象徵以表意，以喚起情感共鳴。用作書面語時，為求優美動人，往往更要求意象經營，文句也更精美整飭，可得見匠心獨運。

▲範例：

　　「生活語言」說：實踐目標→「文學語言」說：給夢一把梯子（白靈）

▲範例：

1. 腳上的傷疤和瘀青一直沒好。

→傷口並沒有要痊癒的意思。結痂之後，四周仍然環了一圈暗青色，牠捨美麗耀目的紅，而換了頂醜怪的藏青色帽子，顯然是怨懟我不珍惜牠，每天一張黑臉與我鬧憋扭。（鍾怡雯）

2. 我累了，好想睡覺喔。

→身體的重心開始改變，意識從我的血肉之軀出走，眼皮逐漸加重，課本上的文字開始蠕動，耳邊傳來柔美的聲音：「投降了吧……」，教室的空氣正吻遍我身上的每一寸肌膚，多想就此跳入睡海中泅泳，投入最深邃的墨黑。

學生習作空白稿紙

習作說明
1. 每人寫一句日常生活語言（請加註系組、姓名）。
2. 將抽到的「生活語言」貼在作文紙上，並將之轉變成「文學語言」。
3. 利用本段「文學語言」的情境，將之完成一篇首尾俱足的文章，文中必須包含一段「場景」描寫。題目自訂，文長不限。

生活語言　　　　　　　　　　　　　　　　　（系組：　　　　姓名：　　　　）

文學語言　　　　　　　　　　　　　　　　　（系組：　　　　姓名：　　　　）

作文　　　　　　　　　　　　　　　　　　　（系組：　　　　姓名：　　　　）

　　　筆者先發下第一次的學習單，其中包括二欄書寫區，第一區是生活語言區，第二區是文學語言區。本活動第一輪，由筆者發下「生活語言 vs 文學語言」學習單，由筆者分析並說明生活語言及文學語言在應用及表現上的不同，然後請全班每位同學隨意寫下一句生活語言，由筆者收回。

　　　筆者回收全班學生所寫的生活語言後，先快速瀏覽有無錯字，發還學生更正後，再展開第二輪活動。第二輪中，由筆者請學生任意抽取一張學習單，將第一區已書寫的生活語言改寫成文學語言，寫入第

二區中。由於學生編班時的系組來源不一，第二區中的書寫者，除練習寫作外，亦可藉此認識不同系組的同學。俟全部學生改寫生活語言為文學語言完畢，由筆者再次收回。

　　以上改寫活動，便完成了二次的學習單練習，筆者將學習單攜回批閱後，另再從事第三輪的寫作訓練。進行第三輪練習時，同樣由筆者請學生任意抽取一張前項學習單，再請學生利用第二區中的「文學語言」，將之安排成一段「場景」，另寫成一篇首尾完整的文章。如此，全班學生便進行了三個層次的寫作訓練，一份作文卷中，包含了三位同學的不同產出，從生活語言到文學語言的書寫，是由點到線的練習；由一段文學語言到全篇作文的產出，是由線到面的練習；如此由點到線、由線到面，學生不僅欣賞並分享了其他同學的產出，進行寫作時覺得有趣，筆者閱卷時亦時見驚豔；如此不同經驗的改寫、續寫，在從事語文表達的讀寫活動中，同時也默默地在和其他生命互動交流，故此一訓練活動，是讀寫訓練，也是生命與生命的交會與照亮。

　　另提供學生作品如下：

1 第一階段學生作品示例

生活語言→文學語言

1. 我感冒了。（織設　陳立）

→冬天的寒風，無情地將病菌吹入我的體內，在細胞中成長茁壯。「哈啾！」紅了我的鼻子眼眶。（服設　李婕）

2. 我肚子脹氣。（服飾　湯懿安）

→拍拍圓滾滾的肚子，好像聽見它的哀嚎，越來越大聲，越來越大聲。充滿氣體的肚子，最後噗的一聲，結束了它的苦難。（服設　家瑩）

3. 好想吃芋頭冰淇淋。（行銷　吳宜庭）

→渴望那紫色、香濃的芋香，冰冰涼涼的在齒間、舌尖，鬆軟滑動。（服設　柯亦諳）

4. 還有兩份報告要趕，今天得熬夜了。（織設　閻昱潔）

→時鐘滴答滴答地響，在這寧靜的夜晚，聲音顯得格外大聲，這一夜，我就像孤獨的狼，只有自己陪著自己，月光覆蓋了我的心，只剩自己的呼吸聲，微微的存在著。（行銷　呂皓珮）

5. 你在幹嘛？（行銷　林潔穎）

→在這個美麗的當下，我想知道你的一舉一動，並將你的一顰一笑牢記在心中。（服設　劉思秋）

2 第二階段學生作品示例

題目：下午三點（服設　蔡典均）

輕輕的，你推開了門，天堂的時間是下午三點整，和我這裡零時差，你因逆光而顯得更為高大，威嚴的剪影，正慢慢地、慢慢地變大。你終於坐在我眼前，還是一樣的不苟言笑，但眉宇間，我讀出了你對我們的思念和祝福。

拿起熱玄米茶，你輕啜了一口，接著抬起頭看著有些緊張的我，你微微的笑了，還點點頭，我鬆了口氣，對你咧開了嘴笑著。此刻，我似乎錯覺般的真實感受到你，你的溫度和暖意，像玄米茶香般含蓄、內斂而甘甜。頓時，透過濕潤的眼眶，我模糊的看見你拿起泛黃的舊書，一如往常的戴起老花眼鏡，專心的讀著。我，也專心的凝視著你，好害怕經過十年後，我會忘記你拿書的姿勢，那佈滿皺紋的臉龐、深刻而投入的神情；而你，只是頭也不抬的，和往常一樣微抿雙唇……。

在這個美麗的當下，我想知道你的一舉一動，並將你的一顰一笑牢記在心中。只因，在這樣寧靜的下午，我們分享著相同的陽光，感受到一樣的溫暖，你卻在如此遙遠的地方。

在這一刻，你在幹嘛？

本文將第一區間中，由生活語言改寫成文學語言的句子，另包含在全篇文章當中，本篇是前揭五的擴充改造。作者通篇運用「懸想的示現」（黃慶萱，2000），摹寫自己思念的老者，以虛實交錯、天堂與人間不同場景的揣想，道盡一己的思念。全文構思佳妙，文字淡美，情味深濃，特別是以靜謐的午後為背景，在溫暖寧適的氛圍下，暗示

老人其實「不在現場」，哀而不傷。而文末之問，似不經意，卻餘韻無窮，更大大加深了思念的渲染力。

　　如此由點而線而面的層遞式書寫，可幫助學生釐清生活語言和文學語言在表現上的不同，幫助個人在從事寫作時，能更深入思考，並加強語句之修潤。學生經由本次的書寫練習，既認識了不同系組的同學，也獲得了不少書寫趣味。

四　學生回饋與教學省思

　　教育是一種信息的傳遞，從教學的立場來說，師生共同參與教學的現場，強調從分析、分辨、分判的層次，進入一體交融的「無分別」的向度，其實更為重要。從事課程設計、讀寫訓練，不只需要「標籤式的理解」，還要強調「生命實存的感受」（林安梧，2000）。筆者以範文講讀為進路，兼採課外閱讀與活動設計，以增強學生的讀寫能力；在每一次從事講授說解文本時，同步進行閱讀及寫作教學，如此不僅可提高時間效率，在甚為節縮緊湊的國文課程中，講讀文本、進行教學活動、指導讀寫、講評習作，同時，在不同的閱讀寫作訓練中，幫助學生更加認識自己，尊重他人，敬愛天地。如此的讀寫訓練，不僅是能力的增進加強，當然更融攝包孕了生命教育的課程目標。

　　對學生來說，本課程因扣緊讀寫能力提升的指標，全學年「安步當車」式的讀寫訓練，必須經常性的實施，對語文能力較弱、或文學興趣較乏的學生來說，自亦是一項負擔。筆者雖設計不同類目的寫作練習，運用課後札記以抒感、課堂作文以整飭的表達，但不論札記或作文，每篇習作均有一定字數及篇幅的規範，故不免在操作本課程時，需面對學生因適應不良，或不想交作業、託言沒靈感、沒時間等

埋怨。是以筆者常需在課堂上，不斷陳述本課程中「讀寫能力」作為「語文表達」的工具性意義，因為一個人的語文表達能力，在當代社會，已不再是一種「優雅生活」的敷演，而是生活之必需、是基礎訓練、更是謀生之門檻。雖則「研求高深的學問」，必寄寓於這種「基礎訓練」當中（黃錦鋐，1997），語文表達能力提升，有助於未來優雅生活的可能，不過在操作本課程時，處理學生對習作負擔的抱怨、缺繳遲交，的確是筆者最需克服處理的困擾之一。所幸本校學生亦多有自我期許，特別是到了大一下學期本校舉辦「語文能力檢測」前，筆者於考前施作二次模擬考，兩班學生均高度表示：「考寫作不是問題」、「不必再多準備檢測，或擔心不通過」。

　　根據學生的期末回饋顯示，約有八成五左右的同學對札記書寫持正面肯定態度，表示可增加個人的讀寫能力。如：

> 書寫札記訓練我的書寫用語及文字的流暢度，加深我分析討論文章的能力！（食科　陳亮妤）

> 我認為書寫札記很有益處，定時定期地寫些東西，比較容易了解自己的寫作問題。（營養　葉嘉豐）

> 寫札記可以刺激我思考，並練習用文字表達想法。（服設　鄭楚玉）

> 每次在寫札記的時候，確實有進步的感覺，寫作的速度及技巧愈來愈好。第一次寫的時候，花了很多時間準備、思考，但是到後來，就愈寫愈順利了。（織設　陳立）

> 札記練習雖然有點煩人，但對我是有幫助的，沒有人逼著寫，我自己其實很懶得寫，也懶得思考。（織設　張宸瑀）

以上學生的期末評述，顯見學生期初的「抱怨」，已在筆者不斷解釋說明中，慢慢取得學生理解，甚至認同。必須再補充說明的是，因學生的先天傾向不同，對理組學生在讀寫訓練上的勸說、鼓勵更需加強，經過本課程的施作訓練，織品系學生的產出，多能均質提升，而營養、食科、餐旅系學生的作品，則雙峰表現較為明顯。

讀寫能力的提升，必須建立在一定程度的訓練基礎上，此間，培養讀寫習慣，以大量的閱讀為基礎，強調「以讀帶寫」的閱讀寫作經驗，在閱讀過程中，強化個人的思辨力，透過課堂中的文本講讀，使每一次的課後閱讀，都是一次「不同的理解」；每一次的作文及札記書寫，皆是「理解、詮釋、應用」的合一，故其書寫，不僅是語文表達能力的提升，當然也是自家生命的興感抒懷，是語文及文學的，更是生命的。

五　結語

筆者向來主張，文本講讀和讀寫訓練不可斷裂地各自存在，而必須連續之、融貫之，在講讀範文時，併同進行閱讀寫作教學（王慧茹，2010），以為經常性指引；其次運用自學輔導，以課外閱讀札記為補充性指引；並以課間的教學活動及學習單設計，以為臨時性指引；如此的課程設計，可提升具有指標性質的語文表達能力，對大一國文作為通識教育重要之一環來說，亦是具體落實大學之教的方法之一。如果說大學教育是在培養學生做一名樂學善學的君子，那麼「藏焉、脩焉、息焉、游焉」（孫希旦，1968）的講習培育，由養成讀寫習慣到語文能力的提升，無疑便是實踐博雅教育的最好說明了。

縱觀本年度之讀寫課程，雖奠基於本校實施「全校性閱讀書寫課

程推動與革新計畫」，以提升學生讀寫能力為目標，就學生端而言，課程初始預期之效益，已具體可見，又其課程施作，均留心於本計畫之核心論題——生命教育，故是實務的、也是價值的。本課程施作已如前述，然筆者還想強調者，是整學年中，筆者及筆者學生間，彼此生命的感通和交會之光，方是本課程之外更大的收穫。

施作本課程期間，筆者恩師猝逝，筆者不勝傷懷，學生給予筆者甚多安慰；此外，織品系的一名學生發生車禍，腦部重創昏迷，餐旅系一名學生不幸身故；此時來自不同系組的國文班學生，發起為受難同學祝禱，群心群體書撰卡片，關懷班上這位「有點認識又不太熟悉」的同學，凡此，皆是上課之外「意外」的收穫，此間點滴，難以盡言，亦難用科學數據證明，但卻是生命中最最真實的書寫。

生命當然是不可教的，但卻可被開啟，提升語文表達、閱讀寫作能力，是施作本課程初始的發想，筆者更盼透過本課程之開啟，幫助促成物我、人己之溝通對話，閱讀他人故事，閱讀天地萬物，以書寫個人生命，面向生活，啟迪總體人生。故與其說本文是一篇教學論文，毋寧說本文是一篇行動研究考察，筆者作為本校計畫的參與、實踐者之一，更盼能作為一個基底磚，引來更多玉石的迴響，是為念。

參考文獻

（一）專書、論文及會議報告

王先謙（1993）《荀子集解》 臺北市 華正書局

林安梧（2000）《教育哲學講論》 臺北市 讀冊文化出版社

洪漢鼎（2001）《理解的真理──解讀迦達默爾《真理與方法》》 濟南市 山東人民出版社

洪漢鼎（2005）《詮釋學──它的歷史和當代發展》 北京市 人民大學出版社

孫永忠主編（2012）《大學國文選》 臺北市 五南圖書出版（股）公司

孫希旦（1968）《禮記集解》 臺北市 臺灣商務印書館

黃慶萱（2000）《修辭學》 增訂三版 臺北市 三民書局

黃錦鋐（1997）《國文教學法》 臺北市 三民書局

輔仁大學國文課程委員會（2012.09）《輔仁大學國文課程期初會議報告》

王慧茹（2012.12）〈理解、詮釋、應用的合一──多元議題融入國文課程示例及其展開〉 臺北市 《輔仁大學全人教育學報》第11期 新北市 輔仁大學

王慧茹（2010.12）〈藏息相輔，修遊共成的大學之教──大一國文課程設計與應用示例〉 臺北縣 《輔仁大學全人教育學報》第7期 新北市 輔仁大學

（二）譯作

Gadamer, Hans-Gerorg（2007）*Wahrheit und Methode・Grundzuge einer philosophischen Hermeneutik* 《真理與方法 I》 洪漢鼎譯
北京市 北京商務印書館 （原著於 1960 出版）

（三）網站

輔仁大學全人教育課程中心網站 http://www.hec.fju.edu.tw/home.html
檢索日期：2013.12.10

附　錄

附錄一
高中國文九五、九八、一〇〇課綱文言核心選文對照表

時代	篇名	作者	九五暫綱	九八課綱	一〇〇課綱
先秦	燭之武退秦師	左丘明	◎	◎	◎
	大同與小康	（禮　記）	◎	◎	◎
	孫子選	孫　武	◎		
	勸學	荀　子	◎	◎	◎
	諫逐客書	李　斯	◎		◎
	漁父	屈　原	◎	◎	◎
	馮諼客孟嘗君	（戰國策）	◎	◎	◎
漢魏六朝	過秦論	賈　誼	◎	◎	
	鴻門宴	司馬遷	◎	◎	◎
	答夫秦嘉書	徐　淑	◎		
	典論論文	曹　丕	◎		◎
	與陳伯之書	丘　遲			◎
	登樓賦	王　粲	◎		
	出師表	諸葛亮	◎	◎	◎
	桃花源記	陶淵明	◎	◎	◎

時代	篇名	作者	九五暫綱	九八課綱	一〇〇課綱
	世說新語選	劉義慶	◎	◎	◎
	蘭亭集序	王羲之	◎	◎	◎
唐宋	諫太宗十思疏	魏 徵			◎
	春夜宴從弟桃花園序	李 白	◎	◎	◎
	師說	韓 愈	◎	◎	◎
	始得西山宴遊記	柳宗元	◎	◎	◎
	阿房宮賦	杜 牧		◎	
	虬髯客傳	杜光庭	◎		◎
	岳陽樓記	范仲淹	◎	◎	◎
	醉翁亭記	歐陽脩	◎	◎	◎
	六國論	蘇 洵		◎	
	訓儉示康	司馬光	◎	◎	
	傷仲永	王安石	◎	◎	
	夢溪筆談選	沈 括	◎		
	赤壁賦	蘇 軾	◎	◎	◎
	上樞密韓太尉書	蘇 轍	◎	◎	
	金石錄後序（可節選）	李清照		◎	
明清	郁離子選	劉 基	◎	◎	◎
	指喻	方孝孺	◎	◎	
	項脊軒志	歸有光	◎	◎	◎

時代	篇名	作者	九五暫綱	九八課綱	一○○課綱
	晚遊六橋待月記	袁宏道	◎	◎	◎
	陶庵夢憶選	張　岱		◎	
	原君	黃宗羲	◎	◎	◎
	廉恥	顧炎武	◎	◎	◎
	勞山道士	蒲松齡	◎		◎
	左忠毅公逸事	方　苞	◎	◎	◎
	病梅館記	龔自珍	◎	◎	
臺灣古典散文	東番記	陳　第	◎	◎	
	裨海紀遊選	郁永河	◎	◎	◎
	望玉山記	陳夢林		◎	
	紀水沙連	藍鼎元	◎	◎	
	勸和論	鄭用錫		◎	
	放鳥	吳德功		◎	
	遊關嶺記	洪　繻		◎	
	臺灣通史序	連　橫	◎	◎	◎
			共40篇	共40篇	共30篇

附錄二

各版本文言文補充選文對照表

時代	分　類	篇目名稱	作　者	出版社	冊　次
先秦	詩　經	關　雎	詩　經	南一	第一冊
				康熹	第五冊
		蒹　葭		康熹	第五冊
				三民	第五冊
		靜　女		翰林	第四冊
		蓼　莪		翰林	第四冊
				龍騰	第一冊
	楚　辭	國　殤	屈　原	翰林	第四冊
				龍騰	第三冊
				南一	第四冊
				康熹	第五冊
				三民	第五冊
	禮　記	學記	禮　記	龍騰	第六冊
				康熹	第五冊
		成子高寢疾		翰林	第三冊
				康熹	第四冊

時代	分　類	篇目名稱	作　者	出版社	冊　次
		美輪美奐		翰林	第三冊
				康熹	第四冊
		師嚴道尊		翰林	第五冊
		進學之道		翰林	第五冊
				南一	第四冊
		晉獻文子成室		南一	第四冊
		曾子易簀		南一	第四冊
				康熹	第四冊
	左　傳	鄭伯克段於鄢	左丘明	翰林	第二冊
				龍騰	第四冊
				南一	第四冊
				康熹	第四冊
	國　語	召公諫厲王止謗	國　語	康熹	第四冊
	戰國策	觸龍說趙太后	戰國策	翰林	第四冊
				南一	第四冊
				康熹	第三冊
				三民	第三冊
	論　語	子路曾皙冉有公西華侍坐	論　語	龍騰	第一冊
		長沮桀溺耦而耕		龍騰	第一冊
				南一	第一冊
		盍各言爾志		南一	第一冊

時代	分　類	篇目名稱	作　者	出版社	冊　次
		顏淵季路侍		康熹	第一冊
		楚狂接輿歌而過孔子			
	孟　子	聞諸一夫紂矣 率獸食人	孟　子	南一	第二冊
		捨生取義		南一	第六冊
		王道之始		龍騰	第二冊
		牛山之木		康熹	第二冊
		志於穀		康熹	第二冊
		教亦多術		康熹	第二冊
	老　子	五色令人目盲	老　子	翰林	第五冊
		小國寡民		翰林	第五冊
				康熹	第五冊
		天下皆知美之為美		龍騰	第五冊
		信言不美		南一	第五冊
		江海所以能為百谷王		南一	第五冊
				康熹	第五冊
	莊　子	河伯與海若 莊周貸粟	莊　子	翰林	第六冊
		濠梁之辯		翰林	第六冊
				龍騰	第六冊
		材與不材		龍騰	第六冊
				南一	第六冊

時代	分　類	篇目名稱	作　者	出版社	冊　次
		渾沌開竅		康熹	第六冊
				三民	第六冊
		痀僂承蜩		康熹	第六冊
				三民	第六冊
	墨　子	兼　愛	墨　子	翰林	第三冊
				康熹	第三冊
		非　攻		南一	第四冊
		公　輸		龍騰	第三冊
	韓非子	定法（節錄）	韓　非	南一	第三冊
		齊桓公好服紫		翰林	第四冊
				南一	第三冊
		晉文公反國		康熹	第四冊
		買履置度		南一	第三冊
				龍騰	第四冊
				康熹	第四冊
		買櫝還珠		龍騰	第四冊
漢代	古　詩	行行重行行		翰林	第二冊
				康熹	第二冊
				三民	第二冊
		迢迢牽牛星		康熹	第二冊
		生年不滿百		三民	第二冊

時代	分　類	篇目名稱	作　者	出版社	冊　次
		客從遠方來		南一	第二冊
	樂府詩	飲馬長城窟行		南一	第二冊
		陌上桑		龍騰	第二冊
				康熹	第一冊
				三民	第一冊
		東門行		翰林	第一冊
	史　記	項羽本紀贊	司馬遷	翰林	第五冊
		太史公自序		南一	第四冊
		項羽本紀		南一	第五冊
		李斯列傳		南一	第五冊
		刺客列傳		三民	第五冊
		孟嘗君傳（節選）		龍騰	第三冊
		報任少卿書		龍騰	第六冊
	漢　書	李夫人傳	班　固	康熹	第五冊
		答夫秦嘉書	徐　淑	康熹	第五冊
魏晉南北朝		與吳質書	曹　丕	翰林	第四冊
				龍騰	第五冊
				康熹	第四冊
		與楊德祖書	曹　植	南一	第四冊
				三民	第四冊
		詠史詩	左　思	龍騰	第二冊

時代	分　類	篇目名稱	作　者	出版社	冊　次
		陳情表	李　密	翰林	第二冊
				龍騰	第四冊
				南一	第三冊
				康熹	第二冊
				三民	第三冊
		歸去來辭并序	陶淵明	翰林	第一冊
				康熹	第二冊
				三民	第一冊
		桃花源詩		龍騰	第三冊
				南一	第一冊
		飲酒之五		龍騰	第二冊
		與陳伯之書	丘　遲	龍騰	第六冊
	搜神記	韓憑夫婦	干　寶	三民	第一冊
	世說新語	石崇宴客	劉義慶	翰林	第二冊
		步兵喪母			
		魏武捉刀			
		長安日遠		康熹	第一冊
		支公好鶴		龍騰	第二冊
		詠絮之才		龍騰	第二冊
				康熹	第一冊
		絕妙好辭		龍騰	第二冊
				康熹	第一冊

時代	分　類		篇目名稱	作　者	出版社	冊　次
唐宋	顏氏家訓		東床快婿		南一	第一冊
					康熹	第一冊
			覆巢之下豈有完卵		南一	第一冊
			七步成詩		南一	第一冊
			教子第二	顏之推	龍騰	第二冊
					三民	第六冊
			慕賢		康熹	第六冊
			勉學		康熹	第六冊
	唐詩	古體詩	長干行	李　白	翰林	第一冊
					龍騰	第一冊
			將進酒		翰林	第二冊
			關山月		康熹	第一冊
			琵琶行并序	白居易	龍騰	第一冊
			從軍行	王昌齡	三民	第三冊
		近體詩	賈　生	李商隱	南一	第三冊
			西塞山懷古	劉禹錫	翰林	第三冊
			黃鶴樓	崔　顥	南一	第三冊
					龍騰	第三冊
			聽蜀僧濬彈琴	李　白	龍騰	第三冊
			玉階怨			
			登金陵鳳凰臺		康熹	第三冊
			登岳陽樓	杜　甫	龍騰	第三冊

時代	分　類	篇目名稱	作　者	出版社	冊　次
		石壕吏	杜　甫	康熹	第三冊
		登　高		南一	第三冊
		無題	李商隱	龍騰	第三冊
		輞川閒居贈裴秀才迪	王　維	康熹	第三冊
		終南別業		翰林	第三冊
		過華清宮	杜　牧	翰林	第三冊
		山行		康熹	第三冊
	傳奇	鶯鶯傳	元　稹	三民	第二冊
		李娃傳	白行簡	龍騰	第五冊
		離魂記	陳玄祐	康熹	第三冊
		紅線傳	袁　郊	南一	第三冊
	文	春夜宴從弟桃花園序	李　白	南一	第五冊
				康熹	第四冊
		與元微之書	白居易	南一	第五冊
				康熹	第三冊
				三民	第四冊
		祭十二郎文	韓　愈	三民	第一冊
		送董邵南序		翰林	第一冊
	賦	阿房宮賦	杜　牧	龍騰	第六冊
	柳宗元寓言	蝜蝂傳	柳宗元	翰林	第三冊
				三民	第三冊

時代	分　類	篇目名稱	作　者	出版社	冊　次
		永某氏之鼠		翰林	第三冊
				三民	第三冊
		臨江之麋		翰林	第三冊
				三民	第三冊
		捕蛇者說		南一	第三冊
	文	鈷鉧潭西小丘記	柳宗元	龍騰	第五冊
				康熹	第三冊
		答韋中立論師道書		龍騰	第一冊
				南一	第一冊
		義田記	錢公輔	翰林	第三冊
				龍騰	第二冊
				康熹	第一冊
				三民	第二冊
		訓儉示康	司馬光	南一	第二冊
		黃岡竹樓記	王禹偁	南一	第二冊
		黃州快哉亭記	蘇　轍	龍騰	第四冊
		縱囚論	歐陽脩	翰林	第二冊
				龍騰	第四冊
				康熹	第三冊
				三民	第四冊

時代	分　類	篇目名稱	作　者	出版社	冊　次
	賦	秋聲賦	歐陽脩	翰林	第三冊
				龍騰	第四冊
				南一	第三冊
				康熹	第四冊
	文	墨池記	曾　鞏	南一	第一冊
				康熹	第一冊
				三民	第五冊
		傷仲永	王安石	南一	第五冊
		遊褒禪山記		龍騰	第一冊
		六國論	蘇　洵	翰林	第六冊
				南一	第六冊
				康熹	第六冊
				三民	第六冊
		留侯論	蘇　軾	龍騰	第五冊
				三民	第四冊
		教戰守策		康熹	第三冊
		上樞密韓太尉書		南一	第六冊
				康熹	第四冊
		登西臺慟哭記	謝　翱	康熹	第六冊
	宋　詩	泊船瓜洲	王安石	翰林	第四冊
				康熹	第四冊
		題臨安邸	林　升	翰林	第四冊

時代	分　類	篇目名稱	作　者	出版社	冊　次
		和子由澠池懷舊	蘇　軾	翰林	第四冊
				南一	第四冊
				康熹	第四冊
		登飛來峰	王安石	南一	第四冊
		書　憤	陸　游	南一	第四冊
				康熹	第四冊
		寄黃幾復	黃庭堅	龍騰	第六冊
		觀書有感之二	朱　熹	龍騰	第六冊
				三民	第三冊
		正氣歌并序	文天祥	龍騰	第一冊
	宋　詞	漁家傲	范仲淹	三民	第四冊
		蝶戀花			
		雨霖鈴	柳　永	翰林	第五冊
				康熹	第五冊
		踏莎行	秦　觀	翰林	第五冊
		永遇樂	辛棄疾	翰林	第五冊
		鷓鴣天	晏幾道	南一	第五冊
		念奴嬌赤壁懷古	蘇　軾	南一	第五冊
				康熹	第五冊
		水調歌頭		龍騰	第四冊
		一剪梅	李清照		
		聲聲慢	李清照	南一	第五冊

時代	分　類	篇目名稱	作　者	出版社	冊　次
		醜奴兒書博山道中壁	辛棄疾	康熹	第五冊
		浪淘沙	李　煜	龍騰	第四冊
元代	水滸傳	林沖夜奔	施耐庵	翰林	第五冊
				南一	第二冊
				康熹	第五冊
		花和尚大鬧桃花村		龍騰	第三冊
	元　曲	竇娥冤第三折	關漢卿	翰林	第六冊
				南一	第六冊
				三民	第六冊
		漢宮秋	馬致遠	康熹	第六冊
		西廂記長亭送別	王實甫	康熹	第六冊
		慶東原	白　樸	翰林	第六冊
				龍騰	第五冊
		山坡羊	張養浩	翰林	第六冊
		四塊玉閒適	關漢卿	龍騰	第五冊
		雙調・夜行船秋思	馬致遠	龍騰	第五冊
明代	郁離子	賣柑者言	劉　基	翰林	第二冊
				龍騰	第二冊
				南一	第三冊
				康熹	第二冊
				三民	第二冊
		蜀賈		龍騰	第二冊

時代	分　類	篇目名稱	作　者	出版社	冊　次
		趙人患鼠		龍騰	第二冊
		秦士錄	宋　濂	龍騰	第三冊
	遜志齋集	指　喻	方孝孺	南一	第三冊
		越　巫		翰林	第六冊
	陶庵夢憶	西湖七月半	張　岱	康熹	第二冊
		金山夜戲		翰林	第二冊
	文	報劉一丈書	宗　臣	南一	第三冊
		雨後遊六橋記	袁宏道	龍騰	第一冊
				南一	第二冊
		先妣事略	歸有光	翰林	第一冊
				龍騰	第三冊
				南一	第三冊
				康熹	第二冊
清代	聊齋志異	雨　錢	蒲松齡	康熹	第二冊
				三民	第三冊
		口　技		康熹	第一冊
		種　梨		翰林	第四冊
				南一	第四冊
	三國演義	孔明用智激周瑜 孫權決計破曹操	羅貫中	龍騰	第二冊
		瑜亮鬥智		康熹	第二冊

時代	分　類	篇目名稱	作　者	出版社	冊　次
	紅樓夢	黛玉初進榮國府	曹雪芹	南一	第四冊
		紅豆詞		康熹	第四冊
	儒林外史	范進中舉	吳敬梓	龍騰	第四冊
		周進中舉		康熹	第三冊
	老殘遊記	明湖居聽書	劉　鶚	龍騰	第一冊
		老殘遊記—清官之惡		南一	第一冊
		與友人論學書	顧炎武	康熹	第一冊
				龍騰	第二冊
		梅花嶺記	全祖望	翰林	第一冊
				南一	第一冊
				康熹	第一冊
				三民	第一冊
		原　才	曾國藩	翰林	第五冊
				南一	第五冊
				康熹	第五冊
		弈　喻	錢大昕	康熹	第六冊

時代	分　類	篇目名稱	作　者	出版社	冊　次
	裨海紀遊	北投硫穴記	郁永河	龍騰	第二冊
		裨海紀遊選		康熹	第一冊
	紀水沙連	紀水沙連選	藍鼎元	翰林	第三冊
				南一	第五冊
				三民	第二冊
	東征集	諭閩粵民人		康熹	第五冊
	臺灣通史	臺灣通史選（飲食篇）	連　橫	康熹	第三冊
		勸和論	鄭用錫	龍騰	第六冊
	臺灣古典詩歌	黑水溝	孫元衡	翰林	第六冊
		戰　歸	劉銘傳		
		臺南延平郡王祠聯	沈葆楨	康熹	第六冊
		感　憶	沈光文	龍騰	第五冊
				康熹	第六冊
		離臺詩之一	丘逢甲	龍騰	第五冊
		離臺其二		康熹	第六冊

案：以上參考選文，係依據一○二學年度各出版社之通行教材而定，版本來源包含三民、南一、康熹、翰林、龍騰等五種。

附錄三
教師甄試補體素

　　筆者擔任高中國文教師期間，多次擔任校內實習教師教學輔導培訓工作，對一名甫到新環境擔任實習工作的準教師來說，年輕夥伴最最關切的，除了通過教師檢定的基本門檻外，更重要的是，面對即將來臨的教師甄選，如何在眾菁英中勝出，其牽掛憂慮時見。特別是在少子化的衝擊下，部分學校已「未雨綢繆」的出缺不補，更使得原已僧多粥少的職缺，得之不易。

　　一〇二學年度，南湖高中很幸運地來了一批生力軍，他們都是南湖畢業的校友，大家共同選擇學成後，回到母校實習，面對這一群兼具自家學生與實習教師身分的年輕人，南湖的老師都感到十分歡悅。筆者參與其間，得以天天和這群活力充沛的「準教師」相聚，更加覺得歡喜。

　　在筆者提議及同儕的協助下，我們為自己所培養的「未來教師」，舉辦了一系列的「南湖教享樂」活動，盼望在自己的教學生涯中，繼往開來、舊學轉新，教學、享學、樂學，師生同享教學之樂、樂在教學。

　　針對實習教師的輔導，我們舉辦了多次的專題演講、教學觀摩、模擬試教及教甄口考。以下針對教甄試教之問答訪談，也是基於「教甄實戰」而發展出來的社群活動之一，為求徵實記錄，並重現當日筆者與實習教師們的與談氣氛，本文將以訪談稿方式呈現。

特別感謝張維安、陳姿蓁、林佳葳、黃郁文、曹瑋、鄭雅綺六位實習老師邀請，協助梳理文稿。我輩有幸為師生友朋，其真誠互動、真情交流，亦盼與所有新舊教師們分享。

如何製作教學檔案

問：慧茹老師您好，首先謝謝老師撥空和我們談談教甄的種種。其實，期末學校要幫我們舉辦模擬試教，我們現在就已經覺得很緊張了。我想先來問一個比較基本的問題。我們現在正在實習，會做很多記錄，例如實習心得，或拍攝照片等等，希望當作以後製作實習檔案的素材。

我想請問老師，在教甄中，像這類的實習檔案是否重要？內容大概要準備什麼？除此之外，還需要另外準備什麼嗎？像是教案或履歷表等等。
（臺灣師範大學國文系 102 級　張維安）

答：謝謝維安。校內的模擬試教，你們就當成高三時考模擬考就好，考試嘛，就是好好準備而已。當日會有很多大家熟悉的老師們來評分，不必過分緊張、多思，純粹是模擬考罷了。但沒排名次、沒競分、也沒辦法敘獎喔，哈哈哈。

至於正式的教師甄試，我想可以分成兩部分來討論。第一個，是筆試的部分。準備筆試，要深入那個學程的教材，如果是參加國中的教師甄試，目前坊間所有的國中課本，各個出版社的，要做全面性的綜覽，高中的學程也是。筆試的部分，首先要對教材、課程很熟悉，然後自己做一個消化、整理歸納，沒辦法一下子做到精熟的程度，也要很基本的瀏覽個幾遍，這是筆試的部分。

另外，就是製作教學檔案。對實習老師來說，就是你們現在正在

蒐集整理的實習檔案。實習檔案裡面，又可分成幾部分。第一個是教學實習，第二個是行政實習。屬於教學實習的部分，又分成幾個層次。首先是課程上面的，關於課程核心內容，假設我們講國文課，一堂理想的國文課，可能包含了課前暖身、課程中幅的展開、講授，帶領一個教學活動，及課後的檢視、評量，做檔案的時候，得仔細想想，一個理想的課程、完整的一課內容，是否都備辦好了。

　　接下來是帶班。如果你有參與班級經營的話，那麼諸如懇親會，或是學校裡的校慶、學生競賽，你和學生的合影，都可以放進去。可以考慮做一些書面的、簡單的文字摘要記錄，當成圖像的輔助說明，有點旁白的味道。我會比較建議，一個檔案，除了文字之外，最好還要有一點彩色的照片，因為正式考試的時候，其實評審老師沒什麼時間閱讀文字，這些彩色的圖像，剛好可以吸引住評審目光，讓他為你的資料停留，且留下你。

　　至於行政實習的部分，就是你在各個處室的實習。實習期間，不一定每個處室都能輪到，所以僅就你所輪到的那個處室，做一個簡單摘要性的說明，也就可以了。此外，除了教學、行政的資料蒐整，整份檔案目錄的配當，也很重要，因為人家從開頭就先看到你的封面、目錄。但是，一個理想的實習檔案，目次的部分要包含什麼呢？就是包括我個人的學經歷介紹，所以可以定一欄叫做「關於我」，就是履歷表的意思，標題可能可以訂一個比較符合你性格的風格，可能是古典風，或者是俏皮風，我想在現代這種多元的時代裡頭，很盼望老師可以有自己的風格。

　　目錄的地方，一來是介紹自己，特別是你讀大學到實習的過程中，跟國文或國文教學有關的成果，世俗一點來講，就是你的戰功啦！像是你得過什麼獎，還是你去參加過什麼志工團體，因為可以從這個部分看到教師的人格特質。

　　至於檔案中教學實習的部分，各位可能都已經講授過一課，裡面包括前述理想課程的三個層次，課前活動可能會準備學習單或活動單，最好可以再掃描學生的作品、學習單，或是學生填寫的回饋表，還有講授時的照片，及上課時所做的單課補充資料，甚至是最後的評量，都可以放進來。通常課程比較趕的話，老師們可能會考一張測驗卷，當然考測驗卷，可能看不出教師施作教學的成果，只用學生考測驗卷的分數來評鑑，也不是一個理想的評鑑方式，不過考測驗卷，可以幫助學生記憶，提醒大考的方向，也不全是一無是處的。比較建議的方式是，你可以做一張讓學生和你互動的回饋表，掃描這張回饋表，作為檔案之一。你手邊會有一些實質的樣張，掃描幾個典型的，特別是對自己的肯定，用來自我勉勵一番。閱覽所有的回饋表，自己做一個統計後，另外再寫一份教學省思，裡面羅列自己在教學上的優、缺點，想想看，下次講這課時，可以如何講得更好、更飽滿。

　　當然，關於教學上的缺點，有時候學生也會寫得很直白，讀來很令人喪氣，碰到這樣的情況，倒也不用一直全往心裡頭去。老師不是故意要鼓勵你們，畢竟他們還是學生，不像你們已經是個「準老師」，有些語言表達，已經懂得分際的拿捏，退一步想想，天下也沒有絕對完美的人嘛，即使如孔孟聖賢，同為儒家的荀子，還非難孟子，嫌他思想疏闊呢。對於批評，我們把它當作自己未來教學路上的省察，仔細思考，改正錯誤便是，盡量做到「聞過則喜」，因為一旦參與職場久了，經過世俗的磨礪，也沒幾個人願意真誠地告訴我們錯誤之處嘛，大家等在旁邊看人出糗就好了啊，不是嗎？

　　這個檔案呢，除了前面說的，目次的地方要綱目清楚以外呢，檔案也不需要做得特別大本，因為在實習的過程中，不論教學或帶班都沒有太多的經驗，如實呈現就好。至於剛剛提到的教案的部分，現在比較推行的是簡式教案，不過大家還是根據自己學程的需要，去做一份合適的教案設計，不必特別拘於傳統教案或簡式教案。

簡章上說，不須繳交教學檔案

問：我可以針對剛剛那個教學檔案的問題再來問一下嗎……就是我看有些簡章，會說試教時不要帶檔案，那我們到底是……還是要準備嗎？　　　　　　　　　　（高雄師範大學國文系 102 級　陳姿蓁）

答：謝謝姿蓁喔。簡章上面特別標示不要帶檔案，意思是希望在試教時，不希望評審受到干擾。所以，就是如果有機會的話，你還是應該要帶著，而且要預先準備好。

理論上說，一位大學或研究所剛畢業的新老師，不會有非常多的戰功。但也有非常優秀的，也有人已經出了一拖拉庫的書的那種考生也有。因為你的對手是誰，你不知道，就算自己沒有非常多東西，我覺得我們還是帶著。

要進去試教或者口考的時候，教學那關考完了，要去考行政的那一關，或者教完之後，下臺和試教評審問答的時候，可以趁勢找機會，把資料遞給評審；當然，沒機會的話就算了。我想每個學校考試的情況不太一樣，如果場面很冷肅、很恐怖，你得小心讀懂環境、氣氛，千萬不要造成評審的惡感。

根據我的經驗來說，幾乎每個學校的考試，都有空檔可以遞進去自己準備的資料，當然，你要用一個比較禮貌的方法。有可能你塞給他看，他看都不看，不過你也不要覺得傷心，因為人家本來就不要看啊，正常嘛！但是，萬一評審有看咧？就賺到了啊！提供備審資料、教學檔案的意思是說，希望評審特別注意到你，幫你得到評審青睞，加分加分加分。

問：所以給資料時，要看時機是不是？因為我有去教甄試場幫忙，看老師試教。我看到有人一進來，就直接把資料發給評審。但我在想，這樣會不會他在試教的時候，由於評審一直在翻資料，反而干擾到評審看他的試教？　　（高雄師範大學國文系 102 級　陳姿蓁）

答：對，你的疑問的確是個具體的困擾，問得好。這個疑問很兩面性。第一，這個干擾呢，有可能是好的，也有可能不利。就是說，對這一課我其實不太熟，你會很希望評審看看資料就好，然後就結束了吧，對不對？坐在下面的評審，都是非常有經驗的老師，他們不一定會一直看著你，他就這樣子（低頭），但他用聽的也就可以了。那，有可能我這資料做的很好，後來評審就因此問我資料中的問題。或者是呢，你自以為教得不錯，結果評審卻有不同的想法。

又或者是說，其實呈送資料給評審，也有可能真的干擾了，因此評審就真的沒有非常認真的在聽你的試教。我想，其實考生在考試的時候，可以自己酌量看看。我倒不覺得，評審不具備一邊看資料，一邊聽試教的能力，我想沒這種能力的老師，就不能來當評審了。而且剛剛姿蓁有提到，一進場就發給評審，我覺得這招很好啊，很聰明，我以前也是這樣。

教甄筆試技巧

問：筆試的時間通常都很緊湊，我們得在短時間內寫很多題，因此想請問老師，筆試時應該要朝哪個方向作答，例如該採取條列式的撰寫，或者是完整段落的作答方式？有沒有比較合適的作答方式或技巧？　　（中原大學應用華語文學系 96 級　林佳葳）

　　答：教甄的筆試時間，每個學校的安排都不太一樣，有時在周末假日，也有在平日的晚上考，一般來講，都考申論題。現在因為考生太多了，為了節縮閱卷時間，快速公布初試名單，所以也考一些填空或選擇題，如果考填空和選擇，就沒有模糊的空間。但若是考申論題的部分，其實在閱卷時，閱卷委員一般都會談一談大家的共識，才進行閱卷。

　　考生在作答時，首先要寫得綱舉目張，我覺得這是我們中文系的學生比較弱的地方。什麼叫綱舉目張呢？就是一個申論題裡面，也要有起承轉合。先做一個簡單、漂亮的開頭，然後根據這個問題，再分幾項來回答，先立下標目，然後再進行闡釋。立下標目就是定標題，第一個是什麼、第二個是什麼……都要立得漂亮一點，而且最好都是排比的，都是四個字、四個字，八個字、八個字，每一個項目的格式都是一樣的，當然，其實這很困難，必須要強迫自己練習。

　　分項、條列式的回答後，再做一個簡單、總括性的收結。通常一個申論題要寫半張卷子，因為一題通常是二十五分，如果考選擇題，加上填空題佔三十分，七十分是申論，若考三題申論，能寫到這樣的分量，就很完美了。教甄筆試留些空間，考填空或選擇，本來是為了閱卷方便快速、準確公平，因為隔天就要公布成績，所以改卷子的壓力很大，加上怕有爭論，因此安排了一定比例的填空和選擇。不過考填空和選擇題，考生反而不會答得很好，一般的分數都不高，填空常是考原典的默寫或語文常識、國學常識，範圍非常地廣泛，考生也無從準備起。

試教要教什麼？

問：現在很多學科都強調必須在講讀教材時，融入多元議題的概念，我們在教甄試教時，需要在教材裡融入多元或現代議題嗎？

（中原大學應用華語文學系 96 級　林佳葳）

答：就我來說，我其實會希望演示者融入現當代議題，結合古典和現代，有現代化的思考。但這很困難，我想，在試教時，如果想得到，簡單提個一兩句，也就可以了。比如說〈諫逐客書〉裡面，李斯不是勸秦始皇不應該逐客嗎，為此，他舉了一些例子。他說啊，其實您的後宮裡面，都是一些漂亮的外國女人，鄭衛之女啊、趙女啊！特別注意一下，李斯把鄭、衛、趙女，放在和犀象之器之類的珍寶一起講。為什麼外國女子和外國貨，都被放在物品那一類舉例呢？這是因為古代的女性，通常是社會位階比較低的層次，除非原生家庭背景好，再不然就得嫁個好人家，女性是沒有個人性、獨立性的，她們常常是附庸、工具性的存在。長得漂亮的女子，學點才藝，可以去選秀女，若有機會入了宮，努力一點，看看能不能變成若曦、甄嬛之類的。特別是，這些在皇宮裡「充下陳」的女子，更是如此，她們被當作「物」一樣對待，玩物、寵物之類的。

甚至是〈虬髯客〉中的紅拂女，她已經非常了不起，能主動去追求愛情了，但她的人生，還是寄託在李靖的身上，必須「因夫而貴」。紅拂女的可貴，在於她能自己決定自己的人生，這很不得了，小說家設計她在愛情上的主動出擊，不過紅拂畢竟是「妓」，從另一面來說，官家大戶小姐，絕不會半夜出奔去找一份愛情的。

紅拂女也好，鄭衛之女也好，這裡面就隱含了一種性別觀念的不

同價值觀。現代社會不是強調「性別平等」嗎，但在那樣的時代脈絡下，在家從父、出嫁從夫，就是當時的社會認同，我們不是說古代一定不好，一律「以今非古」，但古代女子的處境，相對於今日來說，的確是相當辛苦的！我覺得類似像這種情況，就可以大略提個一兩句，因為考生必須把握試教的十五分鐘，去告訴評審，我能把文本做現代意義的闡釋，我教得很深刻、也很生活，這個部分，不要拉出去太多就好了。至於將來正式擔任教職的時候，多元議題的融入當然是很重要的。

口試的提問不會回答

　　問：請問老師，如果在教甄的口試現場，遇到一些不會作答，或是你真的不曾準備過的問題，應該要怎麼要回答，比較妥當？

（臺灣師範大學國文系 102 級　黃郁文）

　　答：這的確是有可能會遇到的，特別是參加考試的初期，會很容易遇到。你可以斟酌一下口試現場，你自己的身心狀態，然後觀察當時那些評審、考場的氣氛，如果真的沒辦法回答的話，那我想也不用硬拗，就用一個很誠懇的態度回答說：「謝謝老師的提問。關於這個問題，我可能還需要再思考。」這樣就好了。一般的情況下，通常提問人會再引導你，看看可以從哪幾個不同的角度去思考，考生也就可以勉強回答，如果反應好一點的，就會忽然地想起來，繼續回答問題。如果還是沒辦法回應，我想態度誠懇還是最重要的，態度誠懇地跟評審說：「這個問題我沒有準備」，或「這個問題，我目前暫時還沒辦法做一個深刻的思考，抱歉我沒有辦法回答」，這樣就可以了。

試教的亮點在哪？

問：我們一般在教學演示時，會很自然地分成「分段讀講」和「深究鑑賞」兩部分，我想請問老師，通常哪一個部分會比較受評審青睞？因為平常我們都會說，在教學演示中，只能放一個亮點，譬如說，我在演示過程中，只能進行統整，就不要加入情意的部分，還是說兩個部分都可以放進去，如何才不會失焦？

（臺灣師範大學國文系 102 級　黃郁文）

答：我在想，分段講讀課文的同時，也就同時包含了鑑賞。也就是說，在講讀那一課的時候，同步也就完成了鑑賞。舉例來說，國中有一課，國二的課程，梁實秋的〈鳥〉，那文章開頭就只有簡單的三個字「我愛鳥」。很簡短，但是很有力。這課白話文沒什麼困難、沒有太多需要分析的，但它就是破題，開門見山，梁實秋用一個很簡單的開頭，就寫完了。我們就可以說，從形式上面來看，這篇文章有一個很漂亮的「鳳頭」，接下來才開始做展開。所以說，在講讀段落文意的時候，也就同步進行了鑑賞，評審們就會看見你的功底在哪裡。

我想初步去參加教甄試教的時候，最重要的一點就是「不要講錯」，這是最基本卻最重要的要求。為什麼不要講錯，變成一個基本而重要的要求呢？因為特別是國文科，它有蠻多不同的解釋向度，你在試教的時候，只會選其中一個向度來做討論，評審的意見可能會跟你不同，教完下臺後就會被提問，就會看見你的能力。或者是你選了一個特殊的解釋，而且剛好和評審習慣使用的課本解釋不同，所以評審會特別和你討論一下。

真實的情況是，試教時必會選擇和某一版課本相同的角度，也許評審不認同，會再提問你；或者是評審認為有異說，也會問你；如果

評審沒特別問你，內容解釋等問題，照著某版本的課本講，基本上，就是安全的。還有，每個段落的講讀，要盡量充實飽滿，包括修辭章法啊、思想內涵啊、文字的形音義、虛字等等，都要照顧到。清代的江藩有說過：「讀書貴融釋，講學貴縝密」，通過應考人的講述，評審很容易就可以看見你學問的功夫，看見你平常準備的功夫。

　　問：我也有一個關於試教的問題，就是有關「心智圖」的討論。一直以來，都有運用「心智圖」教學的方法。特別是國中，好像一直都在提倡。在高中教學現場，除了講授文本、文章背景、內涵、作者思想外，還需要加上用「心智圖」引導嗎？或者是在試教、教學演示的時候，「心智圖」會變成一個必要、或是加分項目嗎？或是覺得可有可無？　　　　　　　　　　　　（彰化師範大學國文系 102 級　曹瑋）

　　答：講到試教，首先還是要回到你所面對的學程。假使是去國中的場合試教，對於「心智圖」的教學，首先要考慮的是，你有沒有很熟悉？是不是用這種方法教出來之後，會讓評審認為這是你的專長？如果不是的話，就用傳統的、一般的教法就可以了。

　　我想在高中也是這樣。為什麼在高中教學的現場，老師們普遍沒有人在操作這套教法？你們每個人都旁聽過本校許多老師們的課，沒人用這套教學法對吧，那主要是認同度的問題，這中間因為還有一些不同的討論空間，當然也還有些複雜的因素。也許本校也有些老師認同，但這套教學法，不是個人的專長，在有限的授課時數之下，老師們會把自己的教學時間，做最謹慎妥善的運用。所以你可以看見大家都沒有使用這套方法。

　　我覺得在試教的時候，第一要務的思考，應該先想，這套教學策略是不是我的專長？我能不能操作得很順利流暢？其他都先不要想。

如果是我試教，我一定教章法學，因為那是我覺得可以展現我個人特色的地方。又或者，抽到的單元可以吟唱，我就來吟唱一下，因為我會唱的就那幾首，那幾首曲子就是我的專長。試教的時候，得有個強烈的心情：「我有個人的特殊專長，而且我好想告訴評審您啊～。」表現出自己的專長，我覺得這很重要，專長就是個人的亮點！

問：最近看到一篇網路文章說，面對一些新進老師，在十五分鐘的教學演示上，大家的教法都如出一轍。教〈廉恥〉，就說「平舉側注法」；講〈岳陽樓記〉，都是講「雨悲」、「晴喜」；大家講的內容都一樣，沒有個人亮點。延續剛剛的問題，我想請問老師，要如何找到課文的其他亮點？ （臺灣師範大學國文系 101 級　鄭雅綺）

答：這問題跟剛剛不太一樣。我們剛剛是討論教學方法，要有自己的亮點；現在是說，課文或教材本身，是不是有亮點？該如何發現新亮點？對吧。

就以你所提的〈廉恥〉來說，講章法上的「平舉側注法」重不重要？重要啊，所以要講嘛。整篇〈岳陽樓記〉，范仲淹根本沒去過岳陽樓，根據一幅圖，就可以寫出一篇文章，所以他是拉著「晴喜」、「雨悲」來作情緒展開的，「晴喜」、「雨悲」當然也很重要嘛。

有些課文本身可闡釋的舞臺很窄，但有些卻很寬，考試抽籤，各憑運氣，不一定哪種有利、哪種不利。別擔心自己和大家教得一樣，因為你這位考生就是和上一位不一樣。

每個人都會有自己講課的風格，該講的地方都要講。教「廉恥」，沒講「平舉側注法」，就沒有講到章法重點啦；至於范仲淹的〈岳陽樓記〉，不是說「晴喜」、「雨悲」多重要，而是說沒有「晴喜」、「雨悲」這個梗，後面的「先天下之憂而憂，後天下之樂而樂」，就沒辦法落

實嘛。所以剛剛我們為什麼一直在強調個人的學養功底很重要，在準備教甄的時候，除了看課程內部的東西外，經史子集、古典現代，都有一些我們很喜歡的文章，講課時，可以舉一些例子互為發凡，古今對證，談一談在類似的情況下，某某人是怎麼看待這事件的，他是怎麼想的、怎麼說的，如此一來，就能表現出應考人的學養了。發現課文的新亮點，雖然重要，但課程中重要的項次都要教到，才去想亮點，當然，所謂的亮點，還是建立在應考人的學養上頭。

　　另外，我覺得語言表達很重要。作為一個老師，站在臺上的發言要很小心，因為我們有話語權，是擁有麥克風的人。特別是參加考試，不太適合開玩笑。比如說，我有一次去當評審，那場考了一篇〈出師表〉，臺上的老師說：「劉禪，根本是腦殘！」我聽完之後，覺得很傷感。因為「腦殘」是不好的話，卻出自一位國文應考人之口。也許是大家常常開玩笑、講習慣了，不了解語言的分際，但現在正在考試耶，總應該特別小心吧。我當時想，劉禪是「安樂公」耶，正是因為他是劉禪，被評為「扶不起的阿斗」，但也因為「扶不起」，才可以「保身」、「全生」啊。何況，人生的得失該怎麼論呢？當然，我們的生命情境不太一樣，只能說，或許應考人的「無心之過」，讓他失分了。

　　人生的禍福是很難講的，教甄這種事，當然也是一種禍福的呈現，禍福都是相依倚的。如果在考試的時候，真的碰到非常為難你的評審，我覺得大家也不用太過沮喪。當然在放榜後，得好好檢討、持續自我精進一番，但不必為了幾次教甄的挫折，就覺得自己很差，一無所長。沒考上學校，很多時候，是因為緣份還沒到。沒緣分的東西，太強求也不需要。這不是故意在安慰大家，是真的啦，教書這工作，開心最重要，來學校上班，不單單是來掙錢嘛，得隨時「很熱血」，很想把自己會的東西告訴別人、和大家分享；還得學會別被世

俗、被學生、被家長打敗,如果幾次教甄不順利,就把你打敗了,那你得考慮要不要來教書?還是像宅神朱學恆說的,快逃哦?

今天聽見大家對未來的憂慮,我覺得很安慰,這代表,臺灣未來的年輕人,還是很上進、很優秀的,社會不要總批評年輕人,都是草莓族啊。其實大家不用過慮,老是苦惱自己的表現到底有沒有亮點,因為只要你認真的準備,很誠懇的與大家分享所思所學,那就是你的亮點;臺下的評審,也會因為你的熱力,而覺得感動,你就考上啦。

最後,感謝大家、祝福大家,更盼望我們未來的教書、讀書生涯,都能順順利利、開開心心、健康美麗。

語文教學叢書　1100004

國文教材教法及閱讀指導

作　　　者	王慧茹	
責任編輯	游依玲	
特約校稿	林秋芬	
發 行 人	陳滿銘	
總 經 理	梁錦興	
總 編 輯	陳滿銘	
副總編輯	張晏瑞	
編 輯 所	萬卷樓圖書股份有限公司	
排　　版	菩薩蠻數位文化有限公司	
印　　刷	維中科技有限公司	
封面設計	斐類設計工作室	

發　　行　萬卷樓圖書股份有限公司
　　　臺北市羅斯福路二段 41 號 6 樓之 3
　　　電話 (02)23216565
　　　傳真 (02)23218698
　　　電郵 SERVICE@WANJUAN.COM.TW
大陸經銷　廈門外圖臺灣書店有限公司
　　　電郵 JKB188@188.COM

如何購買本書：
1. 劃撥購書，請透過以下郵政劃撥帳號：
　帳號：15624015
　戶名：萬卷樓圖書股份有限公司
2. 轉帳購書，請透過以下帳戶
　合作金庫銀行 古亭分行
　戶名：萬卷樓圖書股份有限公司
　帳號：0877717092596
3. 網路購書，請透過萬卷樓網站
　網址 WWW.WANJUAN.COM.TW
大量購書，請直接聯繫我們，將有專人為
您服務。客服：(02)23216565 分機 610

如有缺頁、破損或裝訂錯誤，請寄回更換
版權所有·翻印必究
Copyright©2014 by WanJuanLou Books CO., Ltd.
All Right Reserved　　　　**Printed in Taiwan**

ISBN 978-957-739-861-1
2019 年 10 月初版二刷
2014 年 3 月初版一刷
定價：新臺幣 360 元

國家圖書館出版品預行編目資料

國文教材教法及閱讀指導 / 王慧茹著. –
初版. -- 臺北市：萬卷樓, 2014.03
　面；　　公分. -- (語文教學叢書)
ISBN 978-957-739-861-1(平裝)
1.國文科 2.教材教學 3.閱讀指導 4.中等教育
5.高等教育

524.31　　　　　　　　　　　103002843